XING-HU KUO

Die Erben Sun Yat-sens

XING-HU KUO

Die Erben Sun Yat-sens

Bilanz zum 75. Gründungstag der Republik China (1912–1987)

Anita Tykve Verlag

CIP-Kurztitelaufnahme der Deutschen Bibliothek:

Kuo, Xing-Hu:
Die Erben Sun Yat-sens : Bilanz zum 75. Gründungstag
d. Republik China (1912–1987) /
Xing-Hu Kuo. – Sindelfingen : Tykve, 1987.

ISBN 3-925434-10-0

Postfach 15 61, D-7030 Böblingen, Telefon (0 70 31) 3 54 36
Gesamtherstellung: studiodruck, 7440 Nürtingen-Raidwangen
Printed in Germany

ISBN: 3-925434-10-0

Für Anita, Simon und Mirko

Inhaltsverzeichnis

Anhang:

Vorwort

Am 1. Januar 1912, vor 75 Jahren, wurde die erste Demokratie in Asien, die Republik China gegründet. Vorangegangen war am 10. Oktober 1911 („Der Doppelzehnte") die von Sun Yat-sen geführte Revolution zum Sturz der Mandschu-(Ching-)Dynastie.

Beide Ereignisse sind nicht nur in der Geschichte Chinas, sondern auch für die gesamte Menschheit, wichtige Meilensteine, Sie markierten einen Neubeginn des zahlenmäßig größten Volkes auf unserem Planeten und leiteten einen Auf- und Umbruch in Asien ein, deren Folgen heute spürbarer denn je sind.

Das bereits hinter uns liegende Jahr 1986 wiederum, ein Dreivierteljahrhundert nach der chinesischen Oktoberrevolution, zeigt den Weg der Erben Sun Yat-sens zur weiteren Vervollkommnung der Demokratie, des Nationalbewußtseins und der sozialen Wohlfahrt, der inzwischen weltbekannten „Drei Prinzipien des Volkes" von Sun Yat-sen.

Obwohl die Republik China auf Taiwan sich nach wie vor vom kommunistischen China in Peking bedroht fühlt und der Bürgerkrieg zwischen der nationalistischen Kuomintang-Partei und den Kommunisten formell nie beendet worden ist, haben die Erben Sun Yat-sens in Taipei, allen voran Staatspräsident Chiang Ching-kuo und die Kuomintang, gerade in dem Jubiläumsjahr mutige, ja, revolutionäre Schritte gewagt:

- Das seit mehr als drei Jahrzehnten herrschende Kriegsrecht, der Ausnahmezustand, wurde in allen wesentlichen Punkten aufgehoben.
- Zur Erweiterung der demokratischen Mitbestimmung der

rund 20 Millionen Chinesen im freien China, auf der Insel Taiwan, wurde die Gründung von neuen oppositionellen Parteien ermöglicht. Bei der Wahl zum Parlament am 6. Dezember 1986 beteiligte sich erstmals erfolgreich neben der Kuomingtang auch eine neue Oppositionspartei. Bis zu diesem Weg waren zahlreiche dornenreiche Hindernisse zu überwinden.

Dieses nunmehr vorliegende Buch versucht, eine Bilanz zu ziehen. Was geschah in diesem Dreivierteljahrhundert in China? Wer verwaltet das Erbe des Gründers und Vaters der chinesischen Republik? Wer sind die Erben Sun Yat-sens?

Die Nationalregierung auf Taiwan, die sich Republik China nennt, betrachtet sich in besonderem Maße als Erbin und Vollstreckerin dieser Revolution Sun Yat-sens. Sie erhebt sogar den Alleinvertretungsanspruch, die alleinigen Erben Suns zu sein. Staatsideologie auf Taiwan sind nämlich bis zum heutigen Tage die bereits genannten Drei Prinzipien des Volkes, auf chinesisch „San Min Chu Yi". Sun verkündete diese Grundsätze Anfang des 20. Jahrhunderts zur Rettung des chinesischen Volkes, das damals ein Opfer imperialer Politik zahlreicher Großmächte geworden war, von England bis Japan.

Aber auch die chinesischen Kommunisten, die seit 1949 das riesige Festland mit einer Milliarde Chinesen beherrschen, betrachten sich ebenfalls als Erben Sun Yat-sens. Es gibt in der Volksrepublik China nicht nur zahlreiche Museen und Gedenkstätten zu Ehren des Vaters der Revolution von 1911, sondern die vor wenigen Jahren verstorbene Witwe Suns, Madame Soong Ching-ling, war Vizepräsidentin des Pekinger Regimes. Allerdings hatte sie nur repräsentative Aufgaben, sie war ein Aushängeschild, nicht zuletzt im Hinblick auf die große, 25 Millionen Menschen zählende Gemeinde der Auslandschinesen in aller Welt. Kurz vor ihrem Tode brachte Madame Soong übrigens ihre Enttäuschung über die Kommunisten in Briefen zum Ausdruck, die allerdings in der Volksrepublik niemals veröffentlicht wurden.

Dennoch bleibt es eine Tatsache, daß die chinesischen Kommunisten immer wieder betonen, sie seien nicht nur Anhänger der Ideen von Marx, Engels, Lenin, Stalin und Mao Tse-tung, sondern eben auch die Vollstrecker der besten, revolutionären Ideen und Traditionen Sun Yat-sens. Wie ist die Bilanz nach 75 Jahren in beiden, verfeindeten Chinas?

Nachdem die Revolution am 10. Oktober 1911 in Wuchang entfacht worden war und eine Stadt nach der anderen in die Hände der Revolutionäre fiel, konnte die Republik China – „Chung Hua Min Kuo" – am 1. Januar 1912 offiziell ins Leben gerufen werden. Erstmalig wurde das kaiserliche, absolutistische Regime in China durch ein modernes, von westlichen Einflüssen stark geprägtes System ersetzt.

Doch die junge Republik China war jahrzehntelang durch innere Unruhen, Rivalitäten und Machtkämpfe gekennzeichnet. Sie wurde ferner durch ausländische Mächte und Interventionen zutiefst erschüttert. Der schwerkranke Sun Yat-sen und sein Nachfolger, der dynamische junge General Chiang Kai-shek, hatten große Schwierigkeiten, das Riesenreich unter Kontrolle zu halten. Im Laufe der 30er und 40er Jahre spitzte sich die Auseinandersetzung zwischen der Nationalpartei Kuomintang und den Kommunisten (Kung Chan Tang) zu. Chiang Kai-shek und Mao Tse-tung waren die zwei Persönlichkeiten, die diesen inneren Kampf personifizierten.

In dieser schwierigen Zeit war es für Chiang Kai-shek und seine Regierung offensichtlich nicht möglich, die dringend notwendigen Reformen im faktisch feudalen China auch nur im Ansatz durchzuführen. Korruption und Vetternwirtschaft, große Armut, heftige Machtkämpfe der chinesischen Führungsschicht (darunter der „Warlords") begünstigten den Einfluß der Kommunisten vor allem unter den armen Bauern Chinas, die in der Tat „nichts zu verlieren" hatten „als ihre Ketten", um Karl Marx und Friedrich Engels aus dem „Kommunistischen Manifest" zu zitieren.

Die Folgen dieser verhängnisvollen Entwicklung sind bekannt: am 1. Oktober 1949 wurde in Peking nach der Sowjetunion die zweite rote Supermacht, die Volksrepublik China, offiziell gegründet. Chiang mußte mit zwei Millionen Soldaten und ihm loyal gebliebenen Beamten auf die Insel Taiwan fliehen. Hier muß auch die Rolle der damaligen USA-Regierung erwähnt werden, in der viele linksgerichtete „China-Experten" die Empfehlung aussprachen, das „korrupte" Regime Chiangs nicht länger zu unterstützen. Wer denkt da nicht unwillkürlich an die Aufgabe ganz Vietnams 1975 durch die Washingtoner Administration? In Taipei wurde die Republik China erneut gebildet, die, wie auch das Regime in Peking, für sich beansprucht, ganz China alleine zu vertreten.

Auf der kleinen Insel Taiwan – nur so groß wie etwa die Niederlande – lernte die Führung aus der Niederlage.

Die buchstäblich letzte Chance für die Nationalisten wurde diesmal nicht vertan. Als eine der ersten Maßnahmen wurde die dringend notwendige Bodenreform auf Taiwan kurz nach 1949 in die Wege geleitet. Allerdings verfuhr man anders als auf dem kommunistischen Festland, wo ebenfalls eine Landreform vonstatten ging. Während die Hinrichtungskommandos Mao Tse-tungs Millionen von angeblichen oder tatsächlichen „Großgrundbesitzern" und „reichen Bauern" liquidierten, so wie einst Lenin und Stalin die „Kulaken" ausrotteten, wurden die enteigneten reichen Landwirte auf Taiwan angemessen entschädigt. Mit diesem Kapital wiederum wurde der Grundstein gelegt für die beginnende Industrialisierung auf der Insel. Bereits Anfang der 50er Jahre verbesserte sich der Lebensstandard der Bevölkerung auf Taiwan erheblich, während auf dem Festland Armut und Terror herrschten.

Auf dieser gesunden Grundlage, die eine politische Stabilität ohne Beispiel im Fernen Osten einleitete, sieht man einmal von Japan ab, setzte sich auch die Industrialisierung rasch und erfolgreich durch. Die Regierung in Taipei kombinierte erfolgreich die Prinzipien einer freien Marktwirtschaft mit einer staatlichen Beteiligung und Kontrolle. Diese Mischung führte auf Taiwan zum „asiatischen Wirtschaftswunder“, ähnliche Entwicklungen gibt es in Südkorea, Singapur und Hongkong. Interessant ist, daß in diesen vier Staaten, scherzhaft auch als „Viererbande“ bezeichnet, die Mentalität der jeweiligen Bevölkerung geprägt wird vom streng hierarchischen Konfuzianismus. In allen vier genannten erfolgreichen Ländern Asiens hat diese positive Haltung zu law and order, zu Respekt vor Autoritäten, die allerdings ihre Macht nicht mißbrauchen, sondern zum Wohle der Allgemeinheit nutzen, wesentlich zum wirtschaftlichen Erfolg beigetragen. Heute zählt deshalb die Republik China auf Taiwan zusammen mit den anderen genannten Staaten zu den am besten entwickelten Staaten der Region.

Spätestens im Jahre 2000, so haben Experten im In- und Ausland ausgerechnet, wird Taiwan zu den hochentwickelten Industrienationen mit gesunden sozialen Verhältnissen, wie sie bereits heute auf der Insel im Ansatz vorhanden sind, zählen.

Damit dürfte Suns Idee von der Volkswohlfahrt bereits heute auf Taiwan im Prinzip erfüllt sein, eine der wichtigsten Grundlagen für die Entwicklung der Demokratie und des gesunden Nationalbewußtseins.

Im kommunistischen China wurde auch eine Art Nationalismus gepflegt: allerdings durch das Prinzip des weltrevolutionären „proletarischen Internationalismus“ verfremdet. Von einem allgemeinen Wohlstand kann leider auch heute, im Jahre 1987, nicht die Rede sein. Allerdings muß die Tendenz der Pekinger Führung, zumindest der jetzigen, begrüßt werden, gewisse marktwirtschaftliche Prinzipien einzuführen und sich langsam vom Dogma Marx’, Engels’ Lenins und Maos loszulösen. Es bleibt abzuwarten, inwieweit Peking über seinen eigenen Schatten springen kann und will.

Auch von einer echten Demokratisierung oder Liberalisierung, wie jetzt auf Taiwan für jeden sichtbar, kann in der

Volksrepublik China nicht die Rede sein. Gewisse Erscheinungen eines „Pekinger Frühlings“ Ende der 70er und Anfang der 80er Jahre sind recht bald wieder rückgängig gemacht worden. Nur im Bereich der Wirtschaft haben gewisse pragmatische Veränderungen stattgefunden, die sogar zum Teil eindeutig auf das Modell Taiwan zurückzuführen sind, wie etwa die Schaffung von Exportzonen in der VR China und ähnliches mehr.

Insofern muß nach 75 Jahren folgende Bilanz gezogen werden: Die richtigen Erben Sun Yat-sens sind in der Tat die Repräsentanten der Republik China auf Taiwan, der 1975 verstorbene Chiang Kai-shek und der heutige Präsident Chiang Ching-kuo, der älteste Sohn des Generalissimus. Die Pekinger Führung muß sich erst zu einer Rückkehr zu den Prinzipien Sun Yat-sens durchringen, bevor sie sich zu den Erben des Vaters der Revolution zählen dürfen. Im Interesse aller Chinesen wäre dies zu wünschen.

Sindelfingen, im Sommer 1987

Das große Fest

Taipei, 10. Oktober 1986, 10.15 vormittags. Ganz Taipei scheint an diesem historischen Tag auf den Beinen zu sein. Die Bevölkerung der Zweimillionenstadt wollte offensichtlich nichts versäumen von der eindrucksvollen Parade zum Jubiläumstag der Revolution vor 75 Jahren, am „Doppelzehnten" des Jahres 1911, als die schwache, korrupte Mandschu-Dynastie in den letzten Zügen lag und der Weg zur Republik China freigekämpft wurde von Sun Yat-sen und seinen Revolutionären.

Seit den frühen Morgenstunden waren die Straßen der immer quicklebendigen provisorischen Hauptstadt der Republik China auf Taiwan vollgestopft mit Menschenmassen, Taxen, Privatautos, Motorrädern. Die Richtung jedoch war klar: es ging zum Präsidentenpalast im Zentrum der pulsierenden Stadt. Denn dort sollte um Viertel nach zehn die große Massenkundgebung und Parade stattfinden, um dieses wahrhaft historischen Ereignisses zu gedenken, einen Blick in die turbulente Vergangenheit Chinas, die Gegenwart im geteilten Land und in die Zukunft der einen Milliarde Chinesen auf dem Festland und auf Taiwan zu werfen.

Beifall brandete auf, als kurz vor der Parade der Präsident der Republik China, Chiang Ching-kuo, ans Rednerpult auf dem Balkon des Präsidentenpalastes trat, begleitet von Vizepräsident Li Teng-hui und einem General der chinesischen Armee. In einer kurzen Botschaft an die gesamte chinesische Nation erklärte das Staatsoberhaupt Chinas und ältester Sohn von Chiang Kai-shek vor den 250 000 versammelten Personen auf dem Platz vor dem Palast:

„Der Doppelzehnte, unser glorreicher Nationalfeiertag, hat ein neues Leben für die chinesische Nation geschaffen und eine neue Kraft hervorgerufen, um eine neue, strahlende Seite der Geschichte aufzuschlagen. Alle Chinesen, inspiriert und ermutigt durch diesen glücklichen Tag, haben sich kontinuierlichen Bemühungen für die Zukunft der Nation gewidmet, die wie die strahlende Sonne am blauen Himmel scheint.

Vor 75 Jahren hat der Erfolg der Wuhan-Revolution zur Gründung der ersten demokratischen Republik in Asien geführt.

Dies hat Chinas Status in der internationalen Gemeinschaft geändert und gleichzeitig die Weltlage neu gestaltet. Dr. Sun Yat-sen wies darauf hin, daß die Pflicht des Volkes der Republik China darin besteht, zum Weltfrieden beizutragen. Er erklärte hierzu, daß die ‚Förderung des Weltfriedens *das* erklärte Ziel der Republik China ist, und daß die Beschreitung dieses Weges die Gründung der Republik konsolidieren würde'. Auf der Grundlage dieser hehren Erklärung haben wir unseren festen Standpunkt in internationalen Angelegenheiten angenommen, aktiv die internationale Gerechtigkeit gefördert und uns bemüht, den Weltfrieden zu beschützen.

Das 20. Jahrhundert hat zwei Weltkriege und die Ausbreitung des Kommunismus erlebt. Die Republik China hat viele Prüfungen und Versuchungen überstanden, und auch jetzt leiden unsere Landsleute unter der Tyrannei und der Verfolgung durch das kommunistische Regime. Aber ungeachtet dessen, wie schwierig auch die Weltlage ist, wir standen und stehen immer fest im Lager der Demokratie. Wir sind davon überzeugt, daß wir Schwierigkeiten überwinden und den Sieg über den Feind erringen können, wenn wir die Grundlagen der Freiheit und Demokratie festigen. Deshalb haben wir uns entsprechend den Idealen der Drei Prinzipien des Volkes dem Wiederaufbau und der Entwicklung dieser Bastion der nationalen Wiedergeburt gewidmet. Das Endziel heißt die Wiedervereinigung Chinas auf der Grundlage der Freiheit und Demokratie und die Errichtung eines dauerhaften Friedens in Asien und der Welt.

Mit Solidarität, Ausdauer und den gemeinsamen Anstrengungen unserer Landsleute zu Hause und in der Fremde, haben wir auf der Grundlage der Errungenschaften unserer nationalen Entwicklung unser Selbstvertrauen und unseren Selbstrespekt wiedererlangt und unsere positive Selbsteinschätzung erneut bestätigt.

Wir haben uns bemüht und versprochen, die Republik China in den Augen der Welt durch ein realistisches Bild so darzustellen, daß wir folgende Eigenschaften besitzen:

- Wir sind unermüdliche Kämpfer, die sich auf sich selbst verlassen. Trotz Härten und Widrigkeiten war unser Volk immer in der Lage, den Herausforderungen mit Ausdauer und Entschlossenheit zu begegnen, Schwierigkeiten zu überwinden, und Hürden zu überspringen. Wir sind uns darüber im klaren, daß Selbsthilfe den einzigen Weg darstellt, um unsere Stärke aufzubauen. In dieser großen Mission der nationalen Rettung und Entwicklung, sind wir alle mutige Kämpfer.
- Wir sind unermüdliche Verfechter für unsere Überzeugungen. Wir sind stolz darauf, daß wir die guten Traditionen der chinesischen Kultur übernehmen. Mit diesem kulturellen Erbe verwirklichen wir treu und konsequent das politische Ideal mit dem Ziel der Schaffung der Wohlfahrt für das Volk und für das hehre Ziel von Konfuzius, die Gründung eines großen Gemeinwesens.
- Die Republik China ist immer ein zuverlässiger Verbündeter. Wir erfüllen unsere Verpflichtungen, fordern unsere legitimen Rechte im Hinblick auf Gleichheit, Gegenseitigkeit und Ehrlichkeit. Wir halten ferner Gerechtigkeit aufrecht und respektieren Verträge in einer Welt, die voller Unruhen ist. Wir respektieren unsere Verpflichtungen und hüten alle freundschaftlichen Beziehungen so, wie wir unsere Beiträge zur internationalen Gemeinschaft leisten.
- Die Republik China ist ein Modell des Erfolges für

die Entwicklungsländer. Wir glauben, daß der Lebensstandard des Volkes entscheidend für die Geschichte ist; der Wohlstand des Volkes hat die erste Priorität unter allen Umständen. Die Interessen der verschiedenen Teile der Gesellschaft müssen auf der Grundlage von milden, vernünftigen und graduellen Reformen berücksichtigt werden. Wir haben erfolgreich eine glückliche, sichere und wohlhabende Gesellschaft gegründet und sind aus einem unterentwickelten zu einem neuindustrialisierten Land geworden, das anderen Entwicklungsländern Dienste anbietet und ihnen als Modell zur Nachahmung dient.

- Die Republik China ist eine kompromißlose antikommunistische Festung. Wir haben am meisten durch die Kommunisten gelitten und wissen nur allzu gut, welche Übel jener giftige Kommunismus der Menschheit bringen kann und kennen die Bedrohung der kommunistischen Expansion für den Weltfrieden.

Unsere antikommunistische Geschichte ist mit Blut und Tränen geschrieben worden. Wir möchten der Welt berichten, daß Freiheit und Demokratie niemals mit dem kommunistischen Totalitarismus koexistieren können. Für die Zukunft Chinas und der Welt werden wir unsere antikommunistische Haltung bis zum endgültigen Sieg über den Kommunismus aufrechterhalten.

Unser verstorbener Präsident Chiang Kai-shek sagte: ‚Das Aufsteigen einer Nation hängt von Einheit und von Solidarität ab. Ob ein Land stark oder nicht stark ist, hängt von den gemeinsamen Bemühungen seiner Bürger ab.' Meine lieben Landsleute, wir sind das Volk dieses liebenswerten Landes. Laßt uns alle bereit stehen, um dieses Land zu grüßen und reichen wir uns die Hände, um ihm mit Ergebenheit zu dienen".

Die Kürze dieser inhaltschweren Ansprache, die nur wenige Minuten dauerte, zeugt von der Weisheit des greisen Präsidenten der Republik China, dessen Leben auf das engste mit der Entwicklung seines Landes verbunden war und ist. Gleichzeitig zeugt sie von der Offenheit, Klarheit und Weitsicht Chiang Ching-kuos.

Vor der Parade hielten der Parlamentspräsident Nieh Wen-ya, der Vertreter der Auslandschinesen Chang Li-hsing (aus Thailand) sowie der kürzlich über Südkorea aus der Volksrepublik China geflohene MIG-17-Pilot Chen Pao-chung, kurze Ansprachen.

Vielleicht ist hier für die deutschen Leser eine Bemerkung notwendig: die rund 25 Millionen Auslandschinesen sind für beide Chinas eminent wichtig. Sie sind in vielen Ländern der Welt, vor allem in Südostasien, in der Wirtschaft ihrer Gastländer häufig dominierend und stellen somit eine beachtliche wirtschaftliche, politische und kulturelle Reserve und Bastion dar. Deshalb werden sie sowohl vom kommunistischen als auch nationalen China hofiert. In beiden Chinas gibt es Gremien im Range eines Ministeriums, die sich ausschließlich mit den„Huachiaos", den Übersee-Chinesen, befassen. Auch versuchen beide Chinas, Investitionen durch Auslandschinesen anzuregen und zu fördern. Die Chinesen im Ausland sind deshalb in beiden Parlamenten Chinas, in Peking und Taipei, vertreten. Ebenso werden Flüchtlinge aus dem anderen China immer groß gefeiert und fürstlich belohnt, vor allem wenn sie Flugzeuge oder schwere Waffen mitführen.

Dann begann pünktlich, eine Viertelstunde nach zehn, die schon traditionelle Parade vor dem Präsidentenpalast von Taipei. Nachdem die Menschenmenge – es dürften etwa 250 000 Gäste und Zuschauer sowie Teilnehmer an der Kundgebung gewesen sein – die Nationalhymne gesungen hatte, wurden Tausende von Tauben und Ballons in die Luft gelassen. Die Farbenpracht ist wie bei allen chinesischen Festen bewundernswert und ein Augenschmaus, wobei die Glücksfarben Rot und Gelb dominierten.

Die Parade wurde von Kadetten der Land-, Luft- und Seestreitkräfte der Republik China angeführt. Hinter ihnen folgten Angehörige der zivilen Verteidigungseinheiten von den Inseln Quemoy und Matsu, den Vorposten Taiwans, nur wenige Kilometer vom kommunistischen Festland entfernt. Mehrmals hat Peking versucht, diese Inseln gewaltsam einzunehmen oder durch Dauerbombardements in die Knie zu zwingen. Vergebens. Deshalb genießen die tapferen Bewohner dieser beiden Vorposten des freien Chinas den besonderen Respekt. Deren Vertreter dürfen am Nationalfeiertag am Doppelzehnten an dieser hervorragender Stelle die Parade mit anführen.

Mit nicht weniger Beifall wurden die Vertreter der akademischen Jugend, der Hoffnung der Republik China, von den Anwesenden begrüßt. Studentinnen und Studenten, Schülerinnen und Schüler, zum Teil in Uniformen, zum Teil individuell modisch gekleidet, begeisterten die Menge durch ihre natürliche Fröhlichkeit, ihre Ungezwungenheit und ihren Optimismus. Die bunt gekleideten Angehörigen der Minderheiten auf der Insel Taiwan, so die „Amis“, waren durch ihre prachtvolle, bunte Kleidung ebenfalls Bestandteil der mehrstündigen Schau.

Blumengeschmückte Fahrzeuge marschierten am Präsidenten vorbei, durch ihre fantasievollen farbenprächtigen Zusammenstellungen das Volk begeisternd. Der Höhepunkt dieses Festes waren die traditionellen, goldfarbenen Riesendrachen, getragen von jeweils rund fünfzig gelbgekleideten Tänzern. Abends schließlich beendete ein Riesenfeuerwerk, das kilometerweit zu sehen war, den 75. Geburtstag der chinesischen Oktoberrevolution. Das chinesische Volk richtet nunmehr den Blick auf das Jahr 2000.

Präsident Chiang Ching-kuo begrüßt die Menschenmenge am Nationalfeiertag, dem „Doppelzehnten“

Ministerpräsident Yu Kuo-hwa – Chef der Exekutive der Republik China

Am Abend des 75. Jahrestages des „Doppelzehnten“: Lichterglanz in Taipeh

250 000 Menschen feierten den 75. Geburtstag der chinesischen Revolution am 10.10.1986 in Taipeh

Die Wende 1986/1987

Bevor wir uns der Zukunft der Republik China zuwenden, die bereits konkrete Vorstellungen vom Jahr 2000 und danach hat, sollten wir das Wendejahr 1986 näher betrachten, das mehr Veränderungen gebracht hat als die vorhergehenden Jahrzehnte auf Taiwan.

Das Jahr 1986 kann als das Wendejahr in der nunmehr 75jährigen republikanischen Geschichte Chinas bezeichnet werden, denn in jenem Jahr wurden die entscheidenden konkreten Weichen für die weitestgehende Demokratisierung und Liberalisierung auf Taiwan gestellt.

Maßgeblich waren hierbei die führende Kuomingtang-Partei und deren Vorsitzender Chiang Ching-kuo, der, wie wir wissen, auch Staatspräsident der Republik China ist.

Die Diskussion um eine Demokratisierung und Liberalisierung nach westlichem Muster ist auf Taiwan nicht neu. Vor allem in Anbetracht des wachsenden Wohlstandes der gesamten Bevölkerung auf der Musterinsel, der wachsenden politischen Stabilität und der Entwicklung in der gesamten Region ist immer wieder die Frage aufgeworfen worden, ob der Ausnahmezustand und das Kriegsrecht – der Bürgerkrieg zwischen den Kommunisten und der Nationalregierung ist ja formell nie beendet worden –, die seit 37 Jahren gültig waren, nicht aufgehoben werden sollten. Zwar bedeuteten diese Ausnahmegesetze im Alltag der Bürger, vor allem in den letzten zehn oder 15 Jahren ohnehin effektiv nichts, denn es gibt kaum ein Land in der Dritten Welt, in dem Menschen- und Bürgerrechte so großzügig sind wie gerade auf Taiwan. Im westlichen Ausland jedoch wurde dieses Kriegsrecht und das Fehlen einer Oppositionspartei als Zeichen für mangelnde Demokratie gewertet.

Dabei ist diese Betrachtungsweise der westlichen „Lehrmeister" in Sachen Demokratie zumindest sehr oberflächlich und wird den Tatsachen nicht gerecht. Denn im Gegensatz etwa zum kommunistischen China war die politische Lage auf Taiwan schon immer durch Pluralität geprägt. Trotz Ausnahmezustand und Kriegsrecht konnten oppositionelle Politiker sich sehr wohl artikulieren. In den letzten Jahren nannten sich unabhängige Parlamentarier und Politiker „Tangwai", wörtlich bedeutet dies: „Außerhalb der Partei" Stehende.

Diese „Tangwais" hatten auch ohne eine Partei im Hintergrund zunehmend an Einfluß gewonnen. Im Zentralparlament und auf regionaler Ebene übten sie zum Teil herbe und grundsätzliche Kritik an der Politik der von der Kuomintang geführten Regierung. Auch die Presse auf Taiwan konnte in den letzten Jahren, wie ich auf mehreren Reisen feststellte, Regierung und Partei unbequeme Fragen stellen. Nach aufgedeckten Skandalen, die es auch auf Taiwan gab, mußten Minister und andere hohe Beamte den Hut nehmen bzw. sogar strafrechtlich für ihre Gesetzesverletzungen zur Verantwortung gezogen werden. Ein Beispiel war ein größerer Finanzskandal, bei dem gleich zwei zuständige Minister ihr Amt zur Verfügung stellten. Höhere Geheimdienstoffiziere wurden bis zu lebenslanger Haft verurteilt, weil sie eigenmächtig in einem Mordfall gegen einen amerikanisch-chinesischen Schriftsteller in den USA verwickelt waren. Denke ich dagegen an bestimmte Minister in der Bundesrepublik, die selbst nach handfesten Skandalen im Amt ausharren, so kann man mit der Entwicklung auf Taiwan durchaus auch nach unseren strengen westlichen Maßstäben zufrieden sein.

Natürlich hat nicht nur die öffentliche Meinung in der Republik China auf Taiwan, darunter auch in führenden Kreisen der Regierungspartei, zu dieser Wende der Jahre 1986 und 1987 geführt. Ich erwähnte bereits die ausländische , zum Teil oberflächliche und überzogene Kritik an den Verhältnissen auf Taiwan. Gleichzeitig zog die Führung auf

Taipeh richtige Konsequenzen aus Entwicklungen in benachbarten Ländern.

Auf den Philippinen wurde bekanntlich Ferdinand Marcos im Februar 1986 von den Volksmassen buchstäblich hinweggefegt. Nun ist die Lage auf Taiwan in keinem einzigen Punkt mit der damaligen Situation in Manila vergleichbar. Chiang Ching-kuo, der 76jährige Präsident mit dem bescheidenen, freundlichen Lächeln hinter seiner dicken Brille, war weder ein Diktator, noch ein Mann, der um sich einen gigantischen Persönlichkeitskult wie um Marcos entstehen ließ. Im Gegenteil, der Lebensstil der Familie Chiang auf Taipeh ist von Bescheidenheit geprägt. Die sensationshungrigen Blätter dieser Welt wissen auch nichts zu vermelden von einem Luxusleben etwa von Frau Chiang, wie im Falle der Schönheitskönigin Imelda.

Noch wichtiger sind die Unterschiede im sozialen Gefüge Taiwans und der Philippinen: im Teil über die wirtschaftliche Entwicklung der Republik China auf Taiwan werde ich detailliert das „asiatische Wirtschaftswunder" schildern, wobei dieses Phänomen nicht etwa nur die Unternehmer, die Arbeitgeber, die „Kapitalisten" also betrifft, sondern, auch als „Wirtschaftswunder des Volkes" bezeichnet werden kann. Auf den Philippinen hingegen sind die sozialen Unterschiede buchstäblich zum Himmel stinkend. Slums im ganzen Lande sind der übelriechende Beweis, daß der Wechsel längst überfällig war. Ein positives Indiz ist, nebenbei bemerkt, daß nach dem Machtwechsel in Manila die Beziehungen zwischen der Republik China auf Taiwan und der neuen Regierung unter Frau Corazon Aquino sich erheblich gebessert haben. Zwar hat Manila nach wie vor nur offizielle diplomatische Beziehungen zu Peking, aber auffallend ist die wachsende Zahl von Besuchen von philippinischen Ministern und anderen hochgestellten Politikern nach Taiwan und umgekehrt, was zu Zeiten Marcos nicht der Fall war, nachdem dieser den einstigen Verbündeten, Nationalchina, schnöde hat fallengelassen, nach der amerikanischen Wende in der Chinapolitik ab 1972.

Wie gesagt, obwohl die Philippinen nicht mit Taiwan vergleichbar sind, war die Entwicklung im Nachbarland sicherlich mit ein Katalysator für die Beschleunigung des Prozesses der Demokatisierung, die schon allmählich eingeleitet worden war.

Die Entwicklung im benachbarten Südkorea, einem noch loyalen Verbündeten Taiwans, wurde in Taipei ebenfalls sorgfältig registriert und analysiert. Bekanntlich sorgen dort vor allem Studenten für ständige Unruhen und Demonstrationen. Sie fordern mehr Demokratie, Pressefreiheit und die Zulassung einer richtigen Oppositionspartei. Zum Glück besitzt die Republik Korea seit 1981 in Chun Doohwan einen klugen Politiker, der auf diese berechtigten Wünsche einging. Dort wurde 1985 eine neue, starke Oppositionspartei um die beiden Kims gebildet, die auf Anhieb bei Parlamentswahlen in jenem Jahr erhebliche Stimmenanteile verbuchen konnte.

Dieses gute Beispiel aus Seoul ist in Taipei positiv aufgenommen worden. Südkorea hat wie Nationalchina eine kommunistische Variante vor der Haustür mit einer expansiven revolutionären Politik. Dennoch haben die freien Teile des geteilten Koreas und des geteilten Chinas in den letzten 40 Jahren die Überlegenheit des freiheitlichen Systems sowohl wirtschaftlich als auch politisch so klar bewiesen, daß im Grunde genommen die letzten Relikte eines überzogenen Sicherheitsdenkens inzwischen auch offiziell über Bord geworfen werden konnten.

Die positive Wende auf Taiwan begann mit der 12. Plenarsitzung des Zentralkomitees der Kuomintang in Taipei im März 1986. Partei- und Staatschef Chiang ernannte zwölf prominente Kuomintang-Politiker zu Mitgleidern eines Komitees, das die Aufgabe erhielt, den Status des Kriegsrechts (auf Englisch „martial law“) zu untersuchen. Ferner hatte das neue Spitzengremium den Auftrag erhalten, die Frage der Bildung von neuen politischen Parteien zu untersuchen. Dies war bislang unter Hinweis auf den nicht beendeten Kriegszustand mit den kommunistischen

„Rebellen“ (so bezeichnet man auf Taiwan die chinesischen Kommunisten, die bekanntlich 1949 die Nationalregierung mit Gewalt zur Flucht nach Taiwan gezwungen hatten) nicht erlaubt worden. Ferner sollte das Gremium die Frage der Verjüngung der nationalen Abgeordneten erörtern, denn inzwischen haben viele von ihnen ein biblisches Alter erreicht und eine biologische Regeneration hat inzwischen auch in Regierung, Partei und in den Parlamenten begonnen. Wichtig für die Demokratisierung war außerdem das Studium der Frage nach mehr örtlicher Mitbestimmung auf den unteren Verwaltungsebenen.

Das neu gegründete Komitee kam alsbald zu dem Schluß, daß das Land stärker geworden sei, die Bevölkerung ein höheres Selbstbewußtsein entwickelt habe und mit Zuversicht in die Zukunft blicke. Präsident und Parteivorsitzender Chiang Ching-kuos Vorschläge wurden deshalb vom ständigen Zentralkomitee der Partei einmütig angenommen: statt des Kriegsrechts ein neues „Sicherheitsgesetz“ einzuführen – dies geschah inzwischen Anfang 1987 – sowie die bisherigen Gesetze über Vereinigungen, politische Parteien und Wahlen entsprechend der neuen Lage zu revidieren.

Präsident Chiang gewährte am 7. Oktober 1986 der „Washington Post“ ein Interview, in dem er weitere Einzelheiten dieser Entwicklung über diese angesehene amerikanische Zeitung faktisch weltweit bekanntgab. Er unterstrich die Absicht der Regierung, das Kriegsrecht abzuschaffen, und daß neue politische Parteien gegründet werden können. Er nannte ferner auch die drei Rahmenbedingungen, die unbedingt eingehalten werden müßten:

1. Diese Parteien sollten auf dem Boden der Verfassung der Republik China aus dem Jahre 1947 stehen. Dazu muß man wissen, daß diese Verfassung eine moderne, auch westlichen Kriterien standhaltende Konstitution darstellt, vergleichbar mit unserem Grundgesetz der Bundesrepublik Deutschland. Auch wir fordern bekanntlich von allen politischen Parteien die Respektierung dieses

Grundgesetzes, was beispielsweise dazu geführt hat, daß die moskauhörige DKP plötzlich das Prinzip der Gewaltanwendung, sonst eine heilige Kuh aller Revolutionäre, nicht mehr im Statut hat...

2. Die neuzubildenden Parteien müßten antikommunistisch sein und gegen die Bildung eines unabhängigen Staates Taiwan sein. Hierzu meine persönliche Anmerkung: Die Konfrontation mit einem kommunistischen China, dessen Bevölkerung 50 mal so groß ist wie die der Insel, mit einer zehnfach stärkeren Armee sowie einem Riesenterritorium läßt diese Forderung verständlich erscheinen, auch wenn wir in der Bundesrepublik inzwischen von diesem Prinzip seit 20 Jahren abgerückt sind. Bei uns tummeln sich bekanntlich Kommunisten aller Couleur frei herum, aber die DDR ist bekanntlich in jeder Hinsicht kleiner als die Bundesrepublik. Auch wenn ich persönlich vor einer Unterschätzung auch „unserer" Kommunisten sehr warne, denn es handelt sich bei ihnen um äußerst aktive, keine Opfer scheuende und keine Skrupel kennende Gruppe von fanatischen Kadern, deren Ziel nach wie vor die „Befreiung" der gesamten Menschheit war und ist.

Daß Präsident Chiang sich auch gegen die Errichtung einer „unabhängigen" Inselrepublik Taiwan wendet, hängt mit dem Selbstverständnis der Republik China zusammen. Ähnlich wie die Bundesrepublik Deutschland laut Präambel des Grundgesetzes nach wie vor verpflichtet ist, nach der friedlichen Wiedervereinigung in Freiheit zu streben, so ist auch die Regierung auf Taiwan laut Verfassung und Nationalbewußtsein verpflichtet, die Einheit Chinas wie den eigenen Augapfel zu hüten und jegliche separatistische Bestrebungen von Anfang an zu verhindern.

Natürlich gibt es auch in Taiwan, vor allem unter jüngeren Leuten Kräfte, die die Frage aufwerfen: Was haben wir mit dem Festland zu schaffen? Wir sind nie dort gewesen, die Entwicklung im kommunistischen China ist ja ganz anders verlaufen, man müsse sich endlich mit den Realitäten abfinden. Für uns recht bekannte Töne, denken wir nur an die Grünen und immer größer werdenden Teile in den etablierten Parteien. Allerdings hatte ich bei meinen Reisen auf Taiwan immer den Eindruck, daß es sich bei diesen „Autonomisten“ immer um eine kleine Minderheit handelt.

Die Aufhebung des Kriegsrechts ist bei dem Demokratisierungsprozeß die wichtigste Säule: denn unter diesem Gesetz hatte die Armee viele Sondervollmachten. So konnte sie die Bildung politischer Parteien verhindern und sie übte auch eine faktische Pressezensur aus, wenn die „nationale Sicherheit“ nach ihrer Auffassung gefährdet sei. Dieses Kriegsrecht wurde vom Parlament (Legislativ-Yüan) im November 1949 verabschiedet.

Der Generalsekretär der Kuomintang, Mah Soo-lay, erläuterte am 9. November 1986, fast auf den Tag genau 37 Jahre nach der Verabschiedung jenes Gesetzes über die Verhängung des Kriegsrechts über Taiwan, daß diese Sicherheitsmaßnahmen inzwischen überflüssig geworden seien. Heute, so Mah öffentlich, sei es sehr unwahrscheinlich, daß es den chinesischen Kommunisten gelingen könnte, die Bevölkerung auf Taiwan zu überreden, die Regierung in ihrem Sinne zu stürzen. Das Gegenteil sei richtig: „Ein wahrhaft demokratisches Taiwan könnte demokratische Bewegungen auf dem Festland Chinas anregen und damit der Nationalregierung bei ihren Bestrebungen helfen, China unter den Drei Prinzipien des Volkes wiederzuvereinigen“.

Diese Worte sollten sich als sehr prophetisch erweisen: mächtige Studentendemonstrationen in Schanghai, Peking und zahlreichen anderen Städten des kommunistischen Chinas erschüttern immer noch das Regime Deng Xiaopings. Und Peking beeilte sich, Taiwan für diese Kundgebungen verantwortlich zu machen!

In der Tat ist Taiwan inzwischen zu einem Modell für ganz China geworden. Die beispielhafte Entwicklung hat auch in Peking zu dem mehr oder weniger offenen Eingeständnis geführt, daß die Kommunisten zumindest in wirtschaftlicher Hinsicht von den politischen Gegnern lernen können. So entstanden in der Volksrepublik zahlreiche Frei- und Exporthandelszonen nach genau dem Muster Taiwans. Das Scheitern der kommunistischen Wirtschaftspolitik ist heute kein Tabu-Thema mehr auf dem Festland. Nicht zuletzt das erfolgreiche Bildungssystem, die Pflege der 5000jährigen chinesischen Kunst, Kultur, Philosophie und Weisheit auf der kleinen Insel – im Gegensatz dazu die Zerstörung dieser Werte während der Zeit der sogenannten Großen Proletarischen Kulturrevolution von 1966–1976 – haben gezeigt, daß die Verwirklichung der Ideen Sun Yatsens hier in beispielhafter Weise gelungen ist, während der Marxismus-Leninismus in China, wie auch überall sonst, kläglich gescheitert ist und nur Millionen von Menschenleben gekostet hat, sei es durch Hungersnöte als Folge der Zwangs- und Planwirtschaft oder durch die Konzentrationslager im Reiche Maos nach Stalinschem GULag-Muster.

Das neue Sicherheitsgesetz, das statt des Gesetzes über das Kriegsrecht in Kraft getreten ist, beschränkt sich in der Tat auf die Fragen der nationalen Sicherheit im engsten Sinne des Wortes und nicht mehr mit der allgemeinen Politik.

Künftig dürfen neue politische Organisationen oder Parteien gegründet werden, wenn mehr als 200 Bürger der Republik China, die älter als 20 Jahre sind, sich dazu bereit erklären. Im Rahmen dieser neuen Entwicklung muß sich, nebenbei bemerkt, auch die Kuomintang registrieren lassen. Innerhalb eines Jahres, also voraussichtlich noch im Jahre 1987, sollen alle relevanten neuen Gesetze zu Parteien und Wahlen verabschiedet werden.

Die Wahl: Nur Sieger am 6. Dezember 1986

Die erste Nagelprobe in diesem wahrhaft revolutionären Demokratisierungsprozeß wurde die Wahl zur Nationalversammlung (Parlament) auf Taiwan am 6. Dezember 1986. Denn obwohl formell das neue Gesetz noch gar nicht in Kraft getreten war, das die Gründung von neuen Parteien ermöglichen sollte, hatte sich bereits die erste Oppositionspartei etabliert. Theoretisch wäre es möglich gewesen, daß die Regierung diese Partei sofort verboten hätte, denn noch galt ja das Kriegsrecht. Aber Präsident Chiang und die Kuomintang zeigten ihre Weitsicht und Weisheit gerade in diesem Punkt. Trotz einiger provokatorischer Aktionen von oppositioneller Seite wurde die Gründung der neuen Partei stillschweigend geduldet und respektiert, auch wenn formale Bedenken existierten. Zuvor hatten beispielsweise Oppositionelle aus dem Ausland vergeblich versucht, ohne gültige Visa und Papiere ins Land zu kommen, offensichtlich, um die zum Teil spannungsgeladene Situation im Vorfeld der Parteigründung noch anzuheizen. Polizei und Behörden Taiwans ließen sich jedoch nicht provozieren, obwohl die Reisenden wieder zurückgeschickt wurden.

Bevor die Wahlergebnisse vom 6. Dezember im Einzelnen behandelt werden, scheint es unerläßlich für den deutschen Leser, einiges über die Vorgeschichte der neuen Oppositionspartei darzulegen, da dies im Bewußtsein der Öffentlichkeit hierzulande nur sehr wenig bekannt ist.

Die Geschichte der „Tangwais", der „Außerhalb der Partei Stehenden", begann eigentlich 1978. Dabei handelte es sich zumeist um ehemalige Kuomintang-Mitglieder und

Funktionäre, die mit der Politik der Partei in diesem oder jenem Punkt oder auch insgesamt nicht mehr zufrieden waren und nun eine neue Plattform für ihre Vorstellungen suchten. Zunächst einmal versuchten sie, ihre Ideen über neugegründete Zeitschriften der Bevölkerung gegenüber zu vertreten. Dabei scheuten sie häufig nicht zurück, nicht nur die Politik der Regierung und der sie tragenden Partei auf das heftigste zu kritisieren, sondern auch persönliche Angriffe gegen die führenden Männer des Staates waren keine Ausnahmen. In einem konfuzianisch erzogenen Lande wie China ist dies ein äußerst schwerwiegendes Phänomen, denn der Respekt vor Autoritäten, Vorgesetzten und Regierungen ist hier natürlich besonders entwickelt und niemand möchte in Asien sein „Gesicht verlieren“. Verbote und Repressionen gegen solche Magazine und deren Redakteure blieben nicht aus.

Wegen der Befürchtung, die Regierung könnte mit Hilfe des Kriegsrechts eine neue Partei verbieten, blieben die Oppositionellen zunächst ohne Organisation. Auch wenn sie in den Parlamenten zusammenhielten und eine Opposition bildeten. Es zeigte sich, daß sie eine durchaus respektable Gruppe bildeten. Die unabhängigen Mitglieder der Volksvertretungen konnten bei Wahlen bis zu 30 Prozent der Stimmen auf sich vereinigen. Schon dieses Ergebnis macht deutlich, daß es auf Taiwan auch ohne Oppositionspartei um die Demokratie gar nicht so schlecht bestellt war, wie dies vor allem in westlichen Ländern dargestellt wurde und wird.

Ähnlich wie in Südkorea ein Jahr zuvor gründeten einige Oppositionelle auf Taiwan im März 1986 dann eine „Forschungsorganisation für öffentliche Politik“. Dies war das Signal für Regierung und Kuomintang, daß eine neue Partei gegründet werden sollte. Die „Tangwais“ wollten einen Versuchsballon starten und die Grenzen der Belastbarkeit und der Toleranz der Regierungspartei testen.

Auf typisch chinesische, indirekte Art, gab die Kuomintang ihrerseits im Mai desselben Jahres zu verstehen, daß sie bereit wäre, die Gründung von Filialen des „Forschungsinstituts“ in ganz Taiwan zu akzeptieren. Gleichzeitig bot die Kuomintang-Führung den leitenden „Tangwai“-Männern Gespräche an, um über die Modalitäten der weiteren Entwicklung zu sprechen.

Die bisherigen gegenseitigen Feindseligkeiten waren damit zwar nicht völlig aufgehoben, aber es begann jetzt ein neues Stadium. Die Kuomintang nahm die Herausforderung an, sie erkannte die Zeichen der Zeit und die Existenz einer neuen politischen Kraft neben sich an.

Im Mai 1986 gab es die ersten beiden Treffen zwischen Kuomintang-Führung und „Tangwai“-Vertretern, einige andere Treffs wurden verschoben, noch war das Mißtrauen auf beiden Seiten nicht völlig abgebaut. Am 28. September 1986 trafen sich dann führende Oppositionelle im Grand Hotel Taipei. Dieser Ort ist insofern signifikant, da das Hotel der Regierung gehört und, nebenbei bemerkt, zu den zehn besten und schönsten und damit auch teuersten Hotels der Welt zählt. Sozusagen in den Räumen der Regierung verkündeten die „Tangwais“, daß sie eine neue politische Partei gründen würden, die den Namen „Demokratische Progressive Partei“, DPP, tragen soll. Entsprechende Vorbereitungsgremien wurden gewählt, um das Statut, die Parteistruktur und dergleichen Formalien mehr vorzubereiten und auszuarbeiten.

Einige Kuomintang-Führer hätten es gerne gesehen, wenn der neue Konkurrent sofort verboten worden wäre. Formaljuristisch gesehen wäre dies ja auch kein Problem gewesen. Präsident Chiang und die Mehrheit der Kuomintang-Spitze hielten es jedoch für klüger, die neue Partei stillschweigend zu akzeptieren. Kuomintang Generalsekretär Mah verwies darauf, daß diese Duldung „im Interesse der sozialen Harmonie und Stabilität“ geschehen sei. Am 10. November 1986 wurde der 46jährige Parlamentsabgeordnete Chiang Peng-chien zum neuen Vorsitzenden der DPP gewählt. Er war u.a. bereits als Rechtsanwalt von Oppositionellen bekannt geworden, die bei gewalttätigen Auseinandersetzungen in der Hafenstadt Kaohsiung mit dem Gesetz in Konflikt gekommen waren.

Gleichzeitig gilt Chiang – nicht verwandt mit der Präsidentenfamilie gleichen Namens – als Integrationsfigur, die wohl als einzige in der Lage ist, die unterschiedlichen Flügel innerhalb der Oppositionspartei unter einen Hut zu bringen. Wie nötig eine solche „Vaterfigur" ist, zeigt die nur wenige Tage alte Geschichte der neuen Partei. Bereits am 13. November 1986 kam es zu heftigen Auseinandersetzungen und Rücktrittsdrohungen prominenter Führer der „Progressiven Partei". Nur Chiang Peng-chien gelang es, die Streithähne wieder zueinander zu führen und vorläufig Frieden zu stiften.

Die neue Partei vereinigt im In- und Ausland höchst unterschiedliche Fraktionen. In den Vereinigten Staaten und in einigen anderen Ländern sind Personen dabei, die entweder in Taiwan wegen politisch-krimineller Delikte lange Jahre in Haft waren oder heute noch wegen Anstiftung zu „Terrorakten" gesucht werden.

Einer der Männer, die, wie erwähnt, im November 1986 versucht hatten, ohne gültige Papiere in Taiwan einzureisen, war Lin Shui-chuan. Bis 1982 verbüßte er wegen strafbarer Handlungen eine 13jährige Haftstrafe, durfte dann großzügigerweise das Land in Richtung USA verlassen, eine verblüffende Parallele zum Fall des südkoreanischen Oppositionsführers Kim Dae-jung. Er wollte zusammen mit Hsu Hsin-liang und fünf weiteren Dissidenten in Taipei einreisen.

Auch Hsu ist den Sicherheitsbehörden auf der Insel kein unbeschriebenes Blatt: der aus Taoyuan stammende Lokalpolitiker steht auf der Fahndungsliste der Polizei wegen „Anstiftung" zu terroristischen Guerillaangriffen. Dazu hatte er entsprechende Artikel in der chinesischen Zeitschrift „Mei Li Tao" in den USA veröffentlicht.

Es ist nicht verwunderlich, daß das Auftreten solcher extremer Kräfte in der neuen Oppositionspartei auch heftige Reaktionen in der Öffentlichkeit hervorgerufen hat.

Dennoch ist es gerade deshalb zu begrüßen, daß die Regierung in Taipei sich für die Zulassung dieser sich zum Teil noch recht unklar gebärdenden Partei entschieden hat. Dies ist ein Beweis für das Selbstvertrauen der Regierung und Kuomintang in die gesunden Kräfte der überwiegenden Mehrheit der chinesischen Bevölkerung auf Taiwan.

Die Wahl am 6. Dezember 1986 auf Taiwan hatte denn auch das berechtigte Medieninteresse der ganzen Welt auf sich gezogen. Taipei war plötzlich für zahllose Journalisten aus dem In- und Ausland von Interesse geworden. Ein in der Tat historisches Ereignis galt es zu beobachten: erstmals gab es auf Taiwan für die rund zwölf Millionen Wahlberechtigten die Möglichkeit, zwischen zwei Alternativen, der Kuomintang und der DPP, zu wählen. Sie war ein echter Test für die neue Opposition, aber auch die Kuomintang sah diesen Wahlen zwar gelassen entgegen, aber eine gewissen Spannung war auch bei ihr nicht wegzuwischen.

Als Wahlziel hatten die ehemaligen „Tangwais" 25 Prozent angepeilt: nicht ganz unrealistisch, denn wie berichtet, haben sie als Einzelkämpfer hin und wieder bereits die 30-Prozent-Marke erreicht.

Der Wahlkampf selber dauerte auf der Insel nur zwei Wochen. Er verlief nach übereinstimmenden Berichten im wesentlichen fair und ohne größere Zwischenfälle. Lediglich in der Hafenstadt Kaohsiung, seit jeher Hochburg von oppositionellen und radikalen Kräften, kam es zu Beleidigungen von Staatspräsident Chiang Ching-kuo, zum Verbrennen der Kuomintang-Fahne. Aber auch hier wurde allgemein positiv registriert, daß die Regierung sich nicht provozieren ließ und von harten Maßnahmen absah, die unter dem damals noch gültigen Kriegsrecht ohne weiteres gerechtfertigt gewesen wäre. Allerdings hätte dies möglicherweise zu einem Blutbad geführt, was radikale Elemente der Opposition u.U. herbeigesehnt hatten.

306 Kandidaten bewarben sich um die insgesamt 157 Parlamentssitze im zentralen und Provinzparlament. Die Kuomintang erhielt 127, die DPP 23, unabhängige Kandida-

ten sieben Sitze. Damit gelang es der Regierungspartei, rund 70 Prozent der Stimmen und Sitze zu gewinnen, während die neue Opposition ca. 20 Prozent verbuchen konnte und damit ihr Wahlziel von 25 Prozent um fünf Punkte verfehlte.

Im Einzelnen sehen die Wahlergebnisse so aus:

Für das zentrale Parlament der Republik China, die Nationalversammlung, bewarben sich insgesamt 169 Kandidaten um die 84 Sitze. Die Kuomintang errang hier 68 % und die Oppositionspartei 18,9 % der Stimmen. Die restlichen Prozente verteilen sich auf die zwei unbedeutenden kleinen Parteien, die es schon immer neben der Kuomintang gab und die unabhängigen Kandidaten.

Noch besser schnitten die Oppositionellen für das Provinzparlament (Legislativ-Yüan) ab. Hier errangen sie 22 %, die Nationalpartei fast 70 % der Stimmen.

Beobachter der Szene auf Taiwan sind sich einig darüber, daß diese Wahl ein Meilenstein und richtungweisend in mehrfacher Hinsicht ist. Die Rolle der Kuomintang ist derzeit unbestritten: ihr Führungsanspruch wird von zwei Dritteln der Bevölkerung mitgetragen. Dies hängt sicherlich mit dem historischen Verdienst dieser Partei in der neuen Geschichte Chinas zusammen, die ohne diese Partei undenkbar wäre. Sie hängt ferner mit der Verehrung und dem Respekt zusammen, die das chinesische Volk gegenüber den Führern der Kuomintang empfinden (siehe auch Anhang). Zunächst dem Vater der Revolution und Gründer der Republik, Dr. Sun Yat-sen gegenüber, dann dessem Nachfolger Chiang Kai-shek, einer der großen Persönlichkeiten des 20. Jahrhunderts, mag man über seine Person und Politik auch höchst unterschiedlicher Meinung sein, und schließlich dem heutigen Präsidenten Chiang Ching-kuo, der als ältester Sohn Chiang Kai-sheks diese Tradition bewußt fortsetzt. Allerdings macht die Wahl auch deutlich: eine neue, junge Generation chinesischer Politiker betritt jetzt die Bühne. Die alten Kämpfer werden durch Pragmatiker und Technokraten ersetzt. Man kann nur hoffen und erwarten, daß auch sie sich ihres Erbes bewußt sind, das sie antreten.

Auch Behinderte wählten das neue Parlament am 6. Dezember 1986

Sun Yat-sen, Chiang Kai-shek, Chiang Ching-kuo

Die 75jährige Geschichte der Republik China ist untrennbar verbunden mit den drei Namen dieser Überschrift. Zwar spielen Persönlichkeiten in der Geschichte aller Länder eine dominierende Rolle, ich stelle jedoch die Behauptung auf, daß dies in China eine noch größere Bedeutung hat. Denn das chinesische Volk ist aufgrund der 2500 Jahre alten Lehre des Konfuzius in besonderem Maße mit den jeweiligen Herrschern verbunden, die ein „Mandat des Himmels" für die Ausübung ihrer Macht erhalten haben. Auch heute spielt der konfuzianische Respekt vor den Älteren, den Eltern, den Lehrern und der Obrigkeit in China eine große Rolle. Jedoch ist dies nicht zu verwechseln mit blindem Gehorsam, wie dies etwa in totalitären Staaten linker oder rechter Prägung üblich ist. Konfuzius verwies immer darauf, daß der Herrscher sein himmlisches Mandat verwirkt habe, wenn er dieses zum eigenen Vorteil mißbrauche, das Volk tyrannisiere oder ausbeute. Nur der gerechte Kaiser, Herrscher oder in heutigen modernen Begriffen, Präsident, hat den Anspruch, vom Volk respektiert und geliebt zu werden. Dies dürfen die drei oben genannten Führer des chinesischen Volkes ohne Einschränkung für sich beanspruchen, im Gegensatz etwa zum kommunistischen Tyrannen Mao Tse-tung, der leider in unseren Medien und Büchern unverdientermaßen einen viel zu guten Ruf bekommen hat. Obwohl Millionen von Chinesen seine Herrschaft mit dem Leben oder ihrer Gesundheit bezahlen mußten.

Beginnen wir mit Dr. Sun Yat-sen, dessen Revolution

vom 10. Oktober 1911 die moderne Ära Chinas buchstäblich von den alten Zöpfen der Mandschu-Herrschaft (Ching-Dynastie) befreite. Der Name Sun Yat-sens verdient in der Weltgeschichte einen Ehrenplatz neben Lincoln, Simon Bolivar und anderen Freiheitskämpfern in der Geschichte der Völker. Für die Chinesen ist Sun Wen, wie Dr. Sun Yat-sen auch heißt, eine Vaterfigur, ein Symbol der nationalen Rettung von Fremdherrschaft und Demütigung, eine Hoffnung in eine glanzvolle Zukunft. Es ist deshalb nicht verwunderlich, daß sowohl die Kommunisten als auch die Nationalisten, die heute auf Taiwan die Republik China bilden, stolz auf ihn sind und behaupten, sein Erbe würdig zu verwalten.

Wer ist also Sun Yat-sen, der legendäre Revolutionär und Arzt, der Demokrat und Reformer zugleich war? Hier zunächst die schlichten Daten eines großen Mannes und eines außergewöhnlichen Lebens:

Sun Yat-sen wurde als Sohn einer Bauernfamilie in einem kleinen Dorf unweit von Kanton in Südchina geboren. Über diese Herkunft sagte Sun stolz: „Ich bin ein Kuli und der Sohn eines Kulis. Ich habe immer mit dem Kampf des Volkes sympathisiert.“ Hier liegt das Credo des Vaters der chinesischen Revolution, sein ganzes Leben war ausgefüllt von diesem edlen Streben, dem chinesischen Volk in seiner Gesamtheit zu dienen. Denn obwohl er natürlich damit für die übergroße Mehrheit des damals 400-Millionen-Volkes focht, von marxistisch-leninistischem Klassenkampf hielt er nichts. Insofern haben ihn die Kommunisten zu Unrecht vereinnahmt, wenn sie ihn als Vorläufer ihrer blutigen Revolution auf den Spuren Lenins und Stalins betrachten.

In seinem Geburtsjahr 1866 befand sich das kaiserliche China unter der Mandschu- oder Ching-Dynastie in einem katastrophalen Zustand. Ausländische Mächte begannen China als leichte Beute unter sich aufzuteilen, die innere Schwäche der Dynastie und des Reiches konnte kaum noch überboten werden, innere Machtkämpfe und Unruhen kennzeichneten das einst so glorreiche Reich der Mitte.

Hinzu kamen verheerende Katastrophen der Natur, die Hungersnöte und Elend auslösten. Dies war das Ambiente des Kindes und Jugendlichen Sun Wen, der später als Sun Yat-sen in die Weltgeschichte eintrat und diese maßgeblich mitgestaltete.

Er besuchte zunächst die Dorfschule. Im Alter von 13 Jahren reiste er nach Hawaii, wo bereits ein älterer Bruder von ihm in die Schule ging. Sun Yat-sen besuchte in Honolulu eine anglikanische Schule. Diese erste Berührung mit der abendländischen Zivilisation und Kultur sowie mit dem Christentum prägte das Leben des heranwachsenden Chinesen zutiefst. Die Lehre von der christlichen Nächstenliebe beeindruckte den nach Gerechtigkeit und Wahrheit suchenden Jugendlichen aus dem fernen Kanton und weckten in ihm den Wunsch, Christ zu werden, um diese zutiefst humane Religion in China anzuwenden, wo Egoismus und Ungerechtigkeit an der Tagesordnung waren.

Mit 18 Jahren (1884) kehrte er in sein Dorf zurück. Er zerschlug eine göttliche Figur im Dorftempel, was damals mit der Todesstrafe geahndet wurde. Mit dieser Handlung wollte der jugendliche Sun zeigen, daß er mit dem ancien régime gebrochen hatte, es war sozusagen ein symbolischer revolutionärer Akt eines vor Idealismus überschäumenden Jünglings. Sun hatte Glück: er wurde „nur" aus seinem Dorf verbannt. Damit begann ein abenteuerliches Leben, das ihn um die Welt führte, gleichzeitig den Horizont des entschlossenen jungen Mannes erweiterte und ihm die Möglichkeit bot, weltweite Kontakte und Unterstützung für seine Pläne gegen Kaiserreich und Imperialismus zu suchen und zu finden.

Zunächst einmal wurde er durch die Verbannung gezwungen, in der britischen Kronkolonie Hongkong Zuflucht zu suchen. Er studierte dort Medizin und bekam 1892 den Doktortitel. In Wirklichkeit galt sein Interesse jedoch der Politik und nicht so sehr dem Stethoskop oder Skalpell. Nächtelang diskutierte er mit Freunden über die Lage Chinas, über Zukunftspläne. Nicht wenige dieser Freunde waren Mitglieder der zahlreichen Geheimorganisationen, die es auch in Hongkong gab.

Nach Ansicht dieser jungen empörten Chinesen in der Diaspora war die Mandschu-Herrschaft, die sie zu recht als korrupt und unfähig einstuften, verantwortlich für die Nöte und das Elend in China. Deshalb waren sie zu der Überzeugung gelangt, daß nur der gewaltsame Sturz dieser verhaßten Dynastie und die Gründung eines „demokratischen" China die einzige Lösung sein könnten. Wobei über die Art dieser Demokratie natürlich die verschiedensten, zum Teil naiven und illusionären Vorstellungen herrschten.

Sun Yat-sen gründete damals die „Gesellschaft zur Wiederbelebung Chinas" und arbeitete mit mehreren anderen Gruppen zusammen, um den Kantoner Aufstand von 1895 zu organisieren. Das Komplott mißlang jedoch, der Geheimdienst des Kaiserreichs funktionierte offenbar damals noch hervorragend. Viele der mutigen und entschlossenen jungen Männer mußten für diesen Versuch ihr Leben opfern. Sun Yat-sen gelang die Flucht nach Japan. Hier entwickelte sich ein neuer, wichtiger Lebensabschnitt.

Sun Yat-sen, auf dessen Kopf von der Mandschu-Regierung ein hoher Preis ausgesetzt worden war, mußte für die nächsten 16 Jahre seine geliebte Heimat meiden wie die Pest. In zahlreichen Ländern der Erde propagierte er nunmehr unermüdlich seine revolutionären Ideen und fand immer mehr Mitkämpfer. Aufgrund seiner überzeugenden Art, seines Idealismus, seiner Klarheit bei der Beurteilung der komplexen Probleme Chinas und der Welt wurde aus ihm bald einer der anerkanntesten und populärsten chinesischen Politiker, zunächst im Ausland unter den zahlreichen Auslandschinesen, dann aber auch zunehmend in China selber, wo seine Ideen rasche Verbreitung fanden.

Nachdem er dem Henker entkommen war, mußte Sun in Japan als erstes sein Äußeres ändern. Er trug westliche Anzüge und schnitt sich den Zopf ab. Diese letzte Handlung wurde später als Symbol des Widerstandes gegen die Ching-Dynastie verstanden und praktiziert.

Nachdem er in Yokohama eine Abteilung seiner in Hongkong gegründeten Organisation ins Leben gerufen hatte, reiste Sun kreuz und quer durch die Vereinigten Staaten. Dort fand er unter den inzwischen zahlreich gewordenen chinesischen Einwohnern viel Sympathie. Etwas enttäuscht war er jedoch, daß seine radikalen Ansichten nicht immer die erhoffte Resonanz fanden.

Die nächste Station im Leben Suns war nunmehr London. Hier lernte er, ähnlich wie Karl Marx, die wirtschaftlichen Theorien, die es damals gab. Das beschauliche Leben in Bibliotheken endete jäh, als er von Geheimagenten der Mandschus entführt wurde. Sun Yat-sen wurde in die chinesische Gesandschaft gebracht und wäre wohl sang- und klanglos aus dem Leben geschieden, wenn nicht Freunde die Lokalpresse informiert hätten. Schon damals konnte die Presse durch die Aufdeckung des Entführungsfalles Schlimmeres verhüten. So konnte Sun sich aus der Gefangenschaft befreien und weiterhin bei der Lektüre von Fachliteratur nach einem geeigneten Regierungssystem für das neu zu bildende demokratische China suchen.

Zwei Jahre lang verbrachte Sun ein Leben inmitten von Büchern. Dabei lernte er mehrere europäische Sprachen zumindest passiv verstehen, darunter sogar Italienisch.

Obwohl der junge Chinese wißbegierig alles verschlang, was er in die Hände bekam, war es doch keineswegs so, daß er blindlings alles glaubte, was er schwarz auf weiß an Theorien und Abhandlungen vorfand. Im Gegenteil, Sun verglich diese im allgemeinen schönen und verführerischen Theorien mit der Wirklichkeit, die er in Amerika, Japan und Europa kennengelernt hatte und konnte seine Enttäuschung über die Diskrepanz zwischen Theorie und Realität kaum verbergen.

Deswegen sagte Sun Yat-sen später über diesen Abschnitt seines Lebens:

„Ich begann zu verstehen, daß es keineswegs genügt, die europäischen Modelle zu übernehmen, um eine Nation reich und mächtig werden zu lassen oder um ihre Demokratie zu entwickeln, für die wirkliche Wohlfahrt des Volkes. Das ist auch der Grund, weshalb die Denker Europas immer noch für eine soziale Revolution kämpfen. Dann wurde mir bewußt, daß eine Revolution die drei Fragen Nationalismus, Demokratie und Wohlfahrt des Volkes gleichzeitig lösen kann. So kam meine Idee zustande von einer Demokratie auf der Grundlage der Drei Prinzipien des Volkes."

Während Sun Yat-sen sich im erzwungenen Exil im Ausland aufhielt und sich weiterbildete, verschlechterte sich die Lage in seiner Heimat immer mehr. Sowohl wirtschaftlich, militärisch, außen- und innenpolitisch als auch moralisch.

Nach der schmachvollen Niederlage im chinesisch-japanischen Krieg von 1895 wurde China wie eine Torte in verschiedene Stücke an die verschiedenen ausländischen Mächte aufgeteilt. Zwar blieb China formell unabhängig, in Wirklichkeit verwandelte sich das Riesenreich faktisch in eine Halbkolonie. Die Demütigung Chinas wurde noch nach dem sogenannten Boxer-Aufstand von 1900 gesteigert, der sich gegen jene ausländische Unterdrückung und Ausbeutung wandte. Die ausländischen Staaten übernahmen sogar die Kontrolle über das Finanzwesen Chinas.

Erinnern wir uns: diese Katastrophe begann nicht über Nacht, sondern war die Folge einer jahrhundertelangen verfehlten Politik der Mandschu-Dynastie, die von 1644 bis 1911 das Reich der Mitte unter Kontrolle hielt, auch wenn dieses Wort für die letzten Jahrzehnte der Ching-Herrschaft nur bedingt verwendbar ist.

Dabei muß auch erwähnt werden, daß diese letzte kaiserliche Dynastie eigentlich keine chinesische war. Die letzte echte chinesische Kaiserdynastie waren die glorreichen Ming, die dann von den einmarschierenden Mandschus, die aus dem Norden Chinas gekommen waren, abgelöst wurden. Eigentlich befand sich das Land von jenem Jahr 1644 an unter einer Fremdherrschaft. Allerdings wurden die Mandschus, wie so oft in der 5000jährigen Geschichte Chinas, von der überlegenen chinesischen Kultur und Zivilisation absorbiert und auch die Mandschus betrachteten sich im Laufe ihrer Herrschaft über China immer mehr als Chinesen.

Die Mandschu-Dynastie war mit dem Chinesentum so zufrieden, daß sie beschloß, sich von der Außenwelt völlig zu isolieren. Ähnliche Bestrebungen kennen wir auch aus Korea („Eremiten-Königreich“) und aus Japan. Während jedoch die Japaner sehr schnell entdeckten, daß die Ausländer aus dem Westen zumindest in technischer Hinsicht den Asiaten weit voraus waren und deshalb recht schnell diese Fähigkeiten lernten, um die Lehrmeister später zu überflügeln, beharrten Chinesen und Koreaner auf die „Segnungen“ der Isolation. So blieb China unter den Mandschus ein wissenschaftlich-technisch zurückgebliebenes Land, das den immer aggressiver werdenden Europäern und Japanern wehrlos ausgeliefert war. Wenn man so will, war China das Opfer einer verfehlten Bildungspolitik der letzten Mandschu-Kaiser.

In Europa gab es im 19. und Anfang des 20. Jahrhunderts die rasante industrielle Revolution. Sie wiederum erforderte die Eroberung der Welt als Absatzmarkt für ihre Produkte. So kamen immer mehr Kaufleute auch in den Fernen Osten, um diese Exportpolitik zum Teil auf die unfeine englische Art, d. h. mit Gewalt, List und Tücke, durchzuführen.

Die erste Auseinandersetzung zwischen China und einer europäischen Macht war der berüchtigte Opium-Krieg mit England 1842. Die Engländer verkauften gegen die chinesischen Gesetze größere Mengen dieses Rauschgiftes. Nachdem die Chinesen in dieser ersten offenen Schlacht mit den „Barbaren“ verloren hatten, mußte das Land im Vertrag von Nanking, der den Opiumkrieg formell beendete, fünf Häfen für den Außenhandel zur Verfügung stellen. China mußte buchstäblich den Ausländern Tür und Tor öffnen, und sie kamen flutwellenartig ins Reich der Mitte. Die Nachricht, daß einige wenige Kriegsschiffe genügt hatten, um China in die Knie zu zwingen, führte im In- und Ausland zu unterschiedlichen Reaktionen und Schlußfolgerungen. In China selber verursachte die bittere Erkenntnis zunächst einen Schock, der abgelöst wurde von der wachsenden Forderung nach grundlegenden Reformen in der Regierungsform, der Außenpolitik und vor allem im Bildungswesen.

Im europäischen Ausland, und später in Japan, wurde diese Schwäche des chinesichen Kaiserhauses mit Genugtuung registriert, erlaubte dies doch eine rücksichts- und risikolose Politik gegenüber China, wie die Ereignisse im 19. und 20. Jahrhundert in endloser Folge deutlich machten.

Engländer und Franzosen beispielsweise griffen gemeinsam Peking an, wobei der berühmte Sommerpalast des Kaisers zerstört wurde. Im Vertrag von Peking 1860 mußte China weitere Zugeständnisse an die europäischen Mächte machen. Gleichzeitig begann die berühmte Taiping-Rebellion gegen die Mandschu-Dynastie, die 15 Jahre dauerte. Die Popularität der Mandschus sank immer mehr auf den Nullpunkt, der Widerstand gegen das schwache Regime wuchs, vor allem in den Reihen der Intellektuellen in China. Aber auch die große Masse der Bevölkerung, d. h. vor allem der Bauern, litt unter dieser Politik, so daß von einer allgemeinen Unzufriedenheit gesprochen werden kann.

Das zaristische Rußland erkannte die Chance, sich ebenfalls am chinesischen Kuchen satt zu essen. In Zentralasien wurden riesige chinesische Gebiete unter russische Kontrolle gebracht. Der chinesisch-sowjetische Konflikt, der Ende der 50er Jahre begann und bis heute nicht gelöst ist, hat hier u. a. seine Ursache. Denn die chinesischen Kommunisten waren und sind nicht bereit, und das ist eines der wenigen positiven Dinge, was über sie gesagt werden kann, diese „ungerechten Verträge" zwischen Moskau und Peking aus jener Zeit anzuerkennen. Grenz- und Territorialprobleme sind also auch unter kommunistischen „Brüdern" unlösbar, da niemand bereit ist, im Geiste des „proletarischen Internationalismus" auf seinen Besitz zu verzichten. In diesem Fall haben die sowjetischen Genossen, wie in

Peking mehrmals zu Recht erklärt wurde, die imperialistische Politik der Zaren übernommen und fortgesetzt.

Frankreich wiederum annektierte ganz Indochina, 1885 im Vertrag von Tientsin „legalisiert“. Japan schlug China, wie kurz erwähnt, 1895 in einem Krieg um Korea und im Vertrag von Shimonoseki verlor China auch Taiwan und die Inselgruppe der Pescadoren (Penghu). Erst nach der Kapitulation Japans als Folge des verlorenen Zweiten Weltkrieges (1945) erhielt China Taiwan und die Inselgruppe wieder zurück.

Großbritannien wieder nutzte die Gunst der Stunde, um eine willkürliche Grenze zwischen China und Indien zu ziehen, natürlich zu seinen Gunsten. Die ausländischen Mächte erzwangen von China ferner die Zahlung von horrenden Summen als „Entschädigung“ für die angeblichen und tatsächlichen Verluste der ausländischen Mächte. Die chinesische Wirtschaft gab es effektiv nicht mehr, sie wurde von den ausländischen Mächten willkürlich beherrscht.

Es war in dieser turbulenten Zeit, als Dr. Sun Yat-sen und seine Freunde begannen, von der Theorie zur Praxis überzugehen, wie wir bereits kurz gesehen haben. Zunächst einmal begab sich Sun Yat-sen aus dem fernen Europa wieder in die Nähe Chinas. In Japan fand er einen günstigen Nährboden für seine revolutionären Ideen und die Idee einer „Republik“ geisterte in den Köpfen der zahlreichen chinesischen Studenten im „Land der aufgehenden Sonne“. Hier unterstrich der Denker erneut, daß China ein starkes Nationalbewußtsein brauche, um eine Demokratie entwickeln zu können:

„Wir müssen unter allen Nicht-Mandschu-Chinesen einen Geist des Nationalismus entwickeln, dies ist genau das, was ich erreichen möchte. Wenn dieser Geist einmal wachgerufen ist, wird die chinesische Nation sich mit der gesamten Kraft ihrer 400 Millionen Bürger aufrichten und die Mandschu-Dynastie für immer hinwegfegen.“ Sun begann erneut eine Reise um die Welt. Überall gründete er Filialen seiner Organisation zur Wiederbelebung Chinas

(Hsing Chung Hui), unter anderem in den Vereinigten Staaten und in Indochina.

Nach dem Fehlschlag der Kantoner Revolte von 1895 blieb Sun nicht untätig. Ermutigt durch den Boxer-Aufstand von 1900 gründete er mehrere Geheimgesellschaften, die sich zur „Gesellschaft der revolutionären Anwärter“ – Tung Meng Hui – zusammenschlossen. Das Hauptquartier dieser neuen revolutionären Bewegung war in Tokio. Gleichzeitig wurden Filialen in der ganzen Welt und in China selber eröffnet.

Sun Yat-sen und seine Freunde begannen jetzt in Südchina Revolten gegen die Mandschus zu organisieren. Zehnmal schlugen sie fehl, erst der elfte, eigentlich verfrühte Versuch, gelang schließlich.

Der vordergründige Anlaß für den elften, diesmal erfolgreichen Versuch, China von der Mandschu-Herrschaft zu befreien, war ein Eisenbahnskandal. Wie auch in anderen Bereichen hatten die Mandschus Konzessionen für den Bau von Eisenbahnlinien an Ausländer verkauft. Eine Ausnahme bildete die Provinz Szechuan: nur dort gab es eine rein chinesische Eisenbahngesellschaft, die sogar mit einheimischem Kapital arbeitete. Für dieses einzige chinesische Unternehmen im Bereich der Eisenbahn hatten patriotisch gesinnte Bürger jahrelang ihre Ersparnisse in einen entsprechenden Fonds zusammengetan. Dann kam die bestürzende Nachricht, daß die Mandschu-Regierung auch für die Eisenbahn in Szechuan die Konzession an Ausländer verkauft hatte. Die Empörung und Enttäuschung waren unbeschreiblich!

Spontan gab es heftige Unruhen in der Provinz. Eine Armeeabteilung wurde in die Provinzhauptstadt Chengtu geschickt, um den Aufstand unter Kontrolle zu bringen. Der Kommandeur dieser kaiserlichen Truppe schloß alle Stadttore und glaubte auf diese Art, die Aufständischen von der Außenwelt isolieren zu können. Not macht bekanntlich erfinderisch: die Rebellen schnitzten geheime Botschaften auf Holztäfelchen, warfen diese in den Fluß, der durch die

Stadt nach auswärts fließt und so erreichte ihre Bitte um Waffen und Unterstützung Geheimorganisationen in anderen Orten. Die Kampfgefährten der eingeschlossenen Revolutionäre von Chengtu begannen nun ihrerseits, einen bewaffneten Aufstand vorzubereiten.

Am 10. Oktober 1911 explodierte in der zentralchinesischen Stadt Wuchang eigentlich zufällig eine Bombe. Dies löste dann den vorzeitigen Aufstand aus, der sich wie ein Steppenbrand ausbreitete. So entstand der „Doppelzehnte" (10. des 10. Monats Oktober), der bis zum heutigen Tag Nationalfeiertag der Republik China ist. Sun Yat-sen selber war zu dieser Zeit in den USA und erfuhr vom verfrühten Aufstand durch die dortigen Zeitungen, eine Ironie der Geschichte. Dennoch ist für jeden klar, daß seine revolutionären Ideen der Spiritus rector dieses Aufstandes waren und er den Titel Vater der Revolution oder der Republik zu Recht trägt.

Dort erfuhr er auch von der Absicht der siegreichen Aufständischen, eine Republik zu gründen und ihn, Sun Yat-sen, zum ersten Präsidenten der Republik zu wählen. Am 1. Januar 1912 rief er in Nanking die Republik China aus. Bewegt sagte der damals 46jährige Vollblutpolitiker:

„So sind denn 30 Jahre wie im Rausch vergangen und jetzt erst habe ich mein Lebensziel erreicht – die Schaffung der Chinesischen Republik."

Die Entwicklung nach der formellen Gründung der Republik China war jedoch alles andere als leicht oder einfach. Schwere Stürme standen bevor, deren Ausmaß niemand ahnen konnte und deren Folgen noch heute sichtbar sind.

Als die Mandschu-Dynastie offiziell am 13. Februar 1912 abdankte, übergab Sun Yat-sen die Präsidentschaft an den General Yüan Shih-kai, der sich alsbald als käufliche Marionette der ausländischen Mächte entpuppte. Von den groß erhofften Reformen blieb wenig übrig. Nur solche Lappalien wie die Abschaffung der üblen Gewohnheit, den Mädchen und Frauen die Füße einzuschnüren und zu verkrüppeln – dies entsprach dem damaligen Frauenschönheitsideal – oder die Ersetzung des traditionellen Mondkalenders durch den europäischen waren erste konkrete Ergebnisse dieser Republik und Revolution, für die soviele Opfer gebracht worden waren, soviel Blut vergossen wurde.

Sun Yat-sen war tief enttäuscht und versuchte zu retten, was noch zu retten war. Er beteiligte sich an der sogenannten „Zweiten Chinesischen Republik", die jedoch bald von der starken nördlichen Armee Yüans im Keime erstickt wurde. Erneut mußte der Vater der Republik ins Exil gehen. Von 1913 bis 1916 lebte Sun Yat-sen in Japan. Erst nach Yüans Tod kehrte er wieder nach China zurück. Vor allem versuchte Sun Yat-sen das chinesische Volk von der Notwendigkeit zu überzeugen, den Norden des Landes wiederzuerobern und eine Republik in Kanton, Südchina, zu etablieren. Seine Versuche, Peking zu erreichen, schlugen jedoch fehl, die „warlords" (die Kriegsherren) waren immens stark.

Sun Yat-sen war auch der Gründer der Nationalpartei, der Kuomintang. Die Partei selber bezeichnet als Gründungsdatum den 24. November 1894 und als Gründungsort Honolulu. Andere Historiker bezeichnen das Jahr 1912 als den Beginn der Kuomintang. Wie dem auch sei, so oder so war Dr. Sun der Parteiinspirator, die Partei vertrat und vertritt konsequent die Ideen Sun Yat-sens. Um die verworrene Lage in China zu retten, ging Sun Yat-sen 1923 erstmalig ein Bündnis mit den chinesischen Kommunisten ein, es gab damals noch sowjetische Berater bei Sun. Das Kapitel Kommunisten-Kuomintang werden wir später noch detaillierter behandeln, denn sie beinhalten bittere Lehren für die Geschichte und Gegenwart Chinas.

Am 12. März 1925 starb Sun Yat-sen an Krebs. Große Trauer erfaßte ganz China und die Millionen von Auslandschinesen in aller Welt, eine wesentliche Stütze für Suns Bewegung und Revolution.

In seinem politischen Testament schrieb er:

„40 Jahre lang habe ich mich der revolutionären Sache unseres Volkes gewidmet, und mein einziges Ziel war immer, China in eine Position der Freiheit und Gleichheit unter den Völkern zu bringen. Meine Erfahrungen in diesen 40 Jahren haben mich fest davon überzeugt, daß der einzige Weg, dieses Ziel zu erreichen, darin besteht, das Interesse unseres Volkes zu wecken, uns mit den Völkern der Welt zu verbünden, die uns wie Gleiche behandeln und uns ihrem Kampf anzuschließen ..."

Wie gesagt: das gesamte chinesische Volk, sogar die Kommunisten, verehren und respektieren Sun Yat-sen. Denn es ist unbestritten: er ist der Vater der Republik China, der Retter des chinesischen Volkes.

Sun Yat-sen hinterließ nicht nur ein politisches Vermächtnis. Auch personell bestellte er rechtzeitig sein Haus. Als er starb, wurde der damals junge Offizier Chiang Kaishek zum neuen Vorsitzenden der Kuomintang ernannt.

Sun Yat-sen: Gründer der Republik China, Vater der chinesischen Revolution

Präsident Chiang Kai-shek zu Beginn des Nordfeldzugs 1927

Das Mausoleum Chiang Kai-sheks

Chiang Kai-shek: Die Ideen Suns realisieren

Am 31. Oktober 1986 versammelten sich 50 000 Menschen in Taipei in der Gedenkstätte Chiang Kai-sheks zu einer ergreifenden Feierstunde. Sie gedachten an diesem Tage des Mannes, der als erster Nachfolger Sun Yat-sens Großes für China und das chinesische Volk vollbracht hatte: Chiang Kai-shek, der vor 100 Jahren, am 31. Oktober 1887 in der Provinz Chekiang geboren wurde. So wie der Name des neuen China mit Sun Yat-sen als Gründer verbunden ist, so eng ist die neuere Geschichte des chinesischen Volkes mit dem Namen Chiang Kai-sheks verbunden, der 1975 starb.

Ein chinesisches Sprichtwort sagt: „Erst wenn der Sarg geschlossen ist, kann der Wert eines Menschen beurteilt werden.“

Worin besteht nun der „Wert“ Chiang Kai-sheks? Hat er nicht China an die Kommunisten verloren? Gegner Chiangs verweisen dann gerne auf die Korruption in China während seiner Herrschaft von 1925 bis 1949 und auf seine „Verantwortung“ für die Kalamitäten im China unter der Führung Chiangs und der Kuomintang.

Diese Darstellung, die zwar klischeehaft häufig wiederholt wird, vor allem in einigen Büchern in Amerika und Europa, wird dem Mann nicht gerecht, der wie Sun Yat-sen um das Wohl Chinas bemüht war und der kein Opfer scheute, um die nationalen Interessen seines Landes wahrzunehmen.

Chiang Kai-sheks Hauptverdienste sind vor allem:

1. Ihm gelang es als erstem chinesischen Führer die Einheit Chinas nach dem Zusammenbruch der Ching-Dynastie

im Jahre 1911 wiederherzustellen. Und zwar durch den siegreichen Nordfeldzug im Jahre 1927, wo er die eigenwilligen und unbotmäßigen „warlords" zwang, die Zentralregierung anzuerkennen.

2. Chiang Kai-shek erwarb sich große Verdienste, als er den schwierigen Widerstand im Krieg gegen Japan (1937–1945) anführte. Gleichzeitig mußte Chiang sich immer wieder mit den bewaffneten Kommunisten auseinandersetzen. Zwar hatte die Kuomintang zeitweilig in diesem Kampf gegen Japan ein Bündnis mit Maos Armeen vereinbart. Die Kommunisten waren jedoch wortbrüchig. Außerdem konzentrierten sie sich, nach ihren eigenen Worten, mehr auf die Schwächung der Nationalisten, als auf den Kampf gegen die japanischen Aggressoren. Chiang mußte in diesen acht Jahren einen Zweifrontenkrieg führen, gegen die waffentechnisch überlegenen Japaner und gegen die immer stärker werdenden kommunistischen Verbände, die ja eigentlich „Verbündete" sein sollten!
3. Chiang hat im Jahre 1949 die erste konstitutionelle Demokratie in China gegründet und damit den Grundstein gelegt für die demokratische Entwicklung der Republik China auf Taiwan, deren Höhepunkte ich gerade für die Jahre 1986/1987 am Anfang dieses Buches geschildert habe.
4. Nicht zuletzt besteht das große Verdienst dieses Staatsmannes darin, durch eine ausgewogene Politik auf der Insel Taiwan Maßstäbe und Modelle für die künftige Entwicklung ganz Chinas gelegt zu haben. Insofern ist Chiang Kai-shek nicht nur für das vergangene und gegenwärtige China von eminenter Bedeutung, sondern auch für die kommenden Generationen Chinas, vor allem eines künftigen, hoffentlich bald freien Chinas auf dem Festland.

Auf der Feier zu Ehren seines 100. Geburtstages in Taipei sagte die Witwe Chiangs in Anwesenheit von Präsident Ching-kuo und anderen Angehörigen ihrer Familie:

„Fast ein halbes Jahrhundert lang habe ich Freude und Leid mit dem verstorbenen Präsidenten geteilt. Als er und ich am 1. Dezember 1927 heirateten, haben wir öffentlich geschworen, daß wir unser Bestes für unser Land geben würden. Das Leben mit ihm danach bedeutete immer Mühe, um Schwierigkeiten und Hindernisse zu überwinden, die sowohl von innen als auch von außen auf uns zukamen. Die Last, zahllose Widrigkeiten zu ertragen, war in unserem Fall keine Redensart. Um die Mission Dr. Suns, die Nation zu retten, fortzusetzen, mußte der verstorbene Präsident eine lange Serie von erbitterten Kämpfen gegen innere und äußere Widersacher durchführen. Obwohl mir die Fähigkeiten fehlten, habe ich immer mein Bestes zu geben versucht, um ihm zu helfen, wobei ich Krisen von Leben und Tod mit Gleichmut entgegentrat. Was ich in jenen Jahren erlebte, kann ich bis zum heutigen Tage klar vor meinen Augen sehen", sagte die betagte, aber geistig noch völlig auf der Höhe befindliche Witwe Chiang Kai-sheks.

In Begleitung von Präsident Chiang Ching-kuo und anderen Verwandten hatte die Witwe Chiang Kai-sheks bereits am 30. Oktober 1986 die Grabstätte ihres Gatten in Tzuhu besucht. Rund zehntausend Bürger hatten an jenem Tage ebenfalls das Grab des geliebten Präsidenten aufgesucht. Im ganzen Land fanden zu Ehren des 100. Geburtstags von Chiang Kai-shek Veranstaltungen statt. Alle Bevölkerungsgruppen waren vertreten, nicht zuletzt Soldaten und Offiziere, Delegationen von Auslandschinesen aus aller Welt. Auch im Ausland wurde des chinesischen Präsidenten gedacht. Bemerkenswert ist dabei die hohe Wertschätzung, die Chiang Kai-shek bei seinen einstigen Feinden, den Japanern, zuteil wurde. Führende Politiker Japans würdigten vor allem Chiangs noble Haltung gegenüber Japan nach der Niederlage Tokios im zweiten Weltkrieg. China verzichtete auf eine Bestrafung Japans, obwohl gerade China am meisten unter Japans Aggression zu leiden hatte. Auch die japanischen Kriegsgefangenen wurden human behandelt und alsbald wieder nach Hause geschickt. Diese Haltung hat gerade in Japan, wo „das Gesicht verlieren“ häufig mit einem Harakiri (Selbstmord) endet, die besondere Hochachtung gegenüber Chiang Kai-shek hervorgerufen.

Der ehemalige japanische Ministerpräsident Nobusuke Kishi erklärte in Zusammenhang mit dem 100. Geburtstag Chiang Kai-sheks:

„Ich traf Präsident Chiang Kai-shek zum ersten Mal am 2. Juni 1975 in der Residenz des Präsidenten in Taipeh.

Das Erste, was ich bei dieser Begegnung tat, war, ihm im Namen des japanischen Volkes zu danken für die Politik der Güte als Antwort auf das Böse am Ende des Zweiten Weltkrieges. Wir verdanken es ihm, daß die Sowjetunion daran gehindert wurde, unser Territorium aufzuteilen und zu besetzen, gleichzeitig mehr als zwei Millionen japanisches Militärpersonal und Zivilisten sicher in ihre Heimat zurückkehren konnten ... All dies ist eine Milde, die in der Geschichte keine Parallele aufzuweisen hat. Und ich sagte ihm, wie sehr ich persönlich bewegt war.“

Kishi erinnerte sich sodann:

„In seiner Antwort sagte Präsident Chiang, daß er als junger Mann in Japan studiert hatte und dort als Flüchtling lebte. Die Herren Mitsuru Tohyama und Tsuyoshi Inukai hatten ihn in jener Zeit angeleitet und gelehrt, daß Güte als Antwort auf das Böse ein Bestandteil der japanischen Lehre vom Bushido ist. Er sagte, daß es diese großen Japaner waren, die ihm diesen edlen Geist vom Bushido beigebracht hatten. Wenn ich deshalb meinen Dank ihm gegenüber aussprechen möchte, so sollte ich die Gräber dieser beiden Gentlemen aufsuchen und ihnen danken ...

Keinem Japaner sollte es gestattet werden, dies zu vergessen“, unterstrich der japanische Politiker im Hinblick auf die Haltung Chiang Kai-sheks.

Wer ist dieser bemerkenswerte Politiker, der zu den Großen des 20. Jahrhunderts gehört? Ich werde versuchen, auf wenigen Seiten diesen Mann nur andeutungsweise zu skizzieren, dessen Leben China gewidmet war und untrennbar mit der Geschichte dieses Landes verbunden war und ist.

Chiang Kai-shek wurde 1886 als Sohn eines angesehenen Kaufmanns in der Stadt Chikou in der Provinz Chekiang geboren.

Zunächst hieß er „Chou tai" („Gutes Omen"), später erhielt er den Beinamen Kai-shek, oder „harter Fels". Beide Namen haben sich in seinem späteren Leben bewahrheitet. Als Soldat, Revolutionär und Staatsmann war er in der Tat ein harter Felsbrocken, an dem viele Feinde sich die Zähne abgebrochen haben. Auch zeitweilige Niederlagen vermochten ihn nicht ins Wanken zu bringen, wie der schmerzliche Verlust des Festlandes an die Kommunisten bewies.

Als er 19 war, wurde er nach alter chinesischer Sitte von seinen Eltern verheiratet. Diese erste Ehe spielte jedoch im Leben Chiangs nur eine untergeordnete Rolle, auch wenn sie gewisse materielle Vorteile brachte. So konnte er aufgrund der neuen familiären Bindungen die Militärakademie besuchen, denn schon früh entdeckte Chiang eine Neigung für das Soldatendasein. 1907 bis 1909 sah Chiang als Angehöriger der japanischen Armee. Dort in Japan traf er mit Sun Yat-sen zusammen. 1910 trat Chiang Kai-shek in eine der zahlreichen Geheimorganisationen ein, die unter den Chinesen im Ausland existierten.

Nach dem Sturz der Monarchie gab es zunächst ein kurzes Intermezzo von der Politik: 1913 betätigte sich Chiang erfolgreich als Finanzexperte. Dabei lernte er die einflußreiche Familie Soong (Sung) kennen, später heiratete er eine Tochter der Soongs, Frau Soong Mei-ling, im entscheidenden Jahr 1927. Durch die Soong-„Dynastie", die zu den einflußreichsten Familien Chinas gehörte, bekam Chiang Kai-shek Kontakte zur internationalen Finanz- und Wirtschaftswelt, vor allem in den USA. Die Behauptung, Chiang sei deshalb eine amerikanische „Marionette" gewesen, gehört jedoch zu den gängigen Klischees, die der historischen Wahrheit und Überprüfung in keiner Weise standhalten. Sowohl die USA als auch Chiang Kai-shek hatten bei aller zeitweiligen Zusammenarbeit eine gehörige Distanz zueinander. Sie gipfelte darin, daß Präsident Jimmy Carter 1979 den Verbündeten Taiwan fallenließ wie die berühmte heiße Kartoffel und diplomatische Beziehungen zur Volksrepublik China aufnahm.

1921 besann sich Chiang seines eigentlichen Auftrags: sich der Politik im Interesse Chinas zur Verfügung zu stellen. Im damals noch chaotischen China wurde der talentierte Offizier de facto Stabschef Sun Yat-sens. Gleichzeitig wurde er von Suns revolutionärer Regierung in Kanton zum Direktor der berühmten Militärakademie von Whampoa ernannt.

Nach Suns Tod im Jahre 1925 wurde Chiang nach und nach zum Oberbefehlshaber der Kuomintang-Armee und nach der Eroberung Pekings 1928 auch zum Regierungschef des nunmehr geeinten Chinas. Aufgrund seiner einmaligen Position wurde er zum „Generalissimus“ mit allen Vollmachten.

Wenn es ihm dennoch nicht gelang, in der Zeit bis 1949 die dringend notwendigen Reformen nach den Ideen Suns zu verwirklichen, so stellt sich automatisch die Frage nach Ursache und Schuld. Trotz der scheinbar großen Machtfülle Chiangs muß man die Lage im damaligen China nüchtern betrachten. Entgegen der formellen Einheit war die Zentralregierung in der Provinz nur bedingt an der Macht. Auch ein Mann wie Chiang mußte auf zahlreiche Lokalgrößen mit zum Teil eigenen Armeen oder besser Banden Rücksicht nehmen. Er mußte Kompromisse eingehen, konnte nicht immer gegen korrupte Beamte in seiner nächsten Umgebung vorgehen, wie er dies für wünschenswert gehalten hätte. Auf der anderen Seite gab es eine wachsende kommunistische Bewegung und seit den 30er Jahren auch eine ständige Zunahme der japanischen Angriffe, die ab 1937 in einen formellen Krieg ausgeweitet wurden.

Für europäische Leser ist es sicherlich erwähnenswert, daß Chiang Kai-shek nach der Heirat mit Sung Mei-ling zum Christentum übertrat. Dies war keine Zweckkonversion, schließlich waren und sind Christen in China eine

Minderheit. Chiang wurde aus Überzeugung Christ, so wie auch Sun Yat-sen von der Lehre der christlichen Nächstenliebe fasziniert war. Jedoch hat Chiang Kai-shek die chinesischen Traditionen und Sitten immer respektiert und seinen Glauben nie anderen aufzuwingen versucht.

Die von Sun Yat-sen gegründete und nach dessen Tod von Chiang Kai-shek geführte Kuomintang war eine revolutionäre Partei, die, wie wir gesehen haben, das Kaisertum in China 1911 abschaffte. Es ist deshalb naheliegend, daß diese siegreiche Bewegung auch das lebhafte Interesse von anderen Revolutionären auf sich zog: von den Marxisten-Leninisten oder Kommunisten, die in China vor allem unter Studenten und Intellektuellen zu finden waren.

Es gab in der Tat auch gewisse Berührungspunkte, denn sowohl Suns Kuomintang als auch die 1919/1920 gegründeten ersten kommunistischen Gruppen in China verfolgten zusammen das Ziel, gegen den ausländischen „Imperialismus“ zu kämpfen und eine „Demokratisierung“ im Inland durchzuführen. Die Kuomintang und Sun hatten deshalb Anfang der 20er Jahre eine gewisse Zusammenarbeit mit der Sowjetunion und der neugebildeten KP Chinas (1921) in die Wege geleitet. Bekannt sind die sowjetischen Berater bei Sun Yat-sen, die ein Bündnis mit der neuen Republik suchten.

Nicht zufällig wurde Chiang Kai-shek von Sun Yat-sen beauftragt, in die junge Sowjetunion zu fahren und dort das Experiment einer neuen, angeblich gerechten, menschlichen Gesellschaftsordnung kennenzulernen.

Drei Monate bereiste Chiang Kai-shek die junge Sowjetunion, im Jahre 1923. Lenin, der große Führer der russischen Revolution, lag jedoch damals sterbenskrank im Kreml, so daß Chiang sich mit Trotzki und anderen Bolschewiki zufrieden geben mußte. Zwar wurde die Delegation aus China, wie Chiang selber mehrmals berichtete, äußerst herzlich empfangen. Dennoch sah und erlebte er, daß zwischen der schönen Theorie und der traurigen Wirklichkeit in der Sowjetunion eine unüberbrückbare Kluft existierte. In Tagebuchaufzeichnungen, Briefen an Freunde in China widerspiegelte sich die wachsende tiefe Abneigung Chiangs gegen die sowjetische Variante vom Sozialismus, die in China von der neuen KP vertreten wurde.

Einige wenige Zitate mögen die Erfahrungen und Schlußfolgerungen Chiangs verdeutlichen. In einer Tagebuchnotiz:

„Mein Besuch ernüchterte mich völlig... Ich gelangte zu der Überzeugung, daß sowjetische politische Institutionen das Werkzeug von Tyrannei und Terror waren und grundlegend unvereinbar mit den politischen Idealen der Kuomintang sind. Um dies zu erkennen, mußte ich mich in Rußland aufhalten, niemals hätte ich es mir vorstellen können, wäre ich in China geblieben."

Was Chiang damals nur instinktiv ahnen konnte, hat Lenins Nachfolger, Josef Stalin, durch sein KZ-System Archipel GULag in grausamster Weise bestätigt. Und Mao Tse-tung, Chinas Stalin, übertraf den Lehrmeister im Kreml noch, wie auch die Rotgardisten der Kulturrevolution von 1966–1976.

In einem Schreiben an den Kuomintang-Parteifreund Liao Chung-kai schrieb Chiang u. a.:

„Meinen Beobachtungen nach ist der sowjetischen kommunistischen Partei nicht zu trauen. Ich habe Ihnen schon früher erklärt, daß nur 30 % von dem, was die Sowjetrussen sagen, geglaubt werden darf. Es war dies eine optimistische Angabe..."

Aufgrund der eigenen Erfahrungen in der Sowjetunion ging Chiang nunmehr auf Distanz zu den einheimischen Vertretern dieses Sowjetsystems. Zunächst einmal wurden die sowjetischen „Berater" zurückgeschickt. Dann ging die Kuomintang gegen den politischen und militärischen Apparat der KP Chinas vor. Nach der Bildung der neuen Nationalregierung in Nanking im Jahre 1927 wurden die diplomatischen Beziehungen zur Sowjetunion abgebrochen.

Nur am Rande sei erwähnt, daß sich innerhalb der chinesischen Elite ein familiäres Drama vollzog, das einer gewissen Pikanterie nicht entbehrte: die Witwe Sun Yat-sens sympathisierte mit den Kommunisten und floh in jener Zeit nach Moskau. Sie war eine ältere Schwester von Frau Chiang Kai-shek, ebenfalls eine steinreiche Sung. Wie gar nicht so selten bei wohlhabenden Familien, entdeckte sie plötzlich ihr Herz für den Kommunismus. Nach der Gründung der Volksrepublik China im Jahre 1949 wurde die Witwe Sun Yat-sens zur Vizepräsidentin Rotchinas ernannt. Außer repräsentativen Funktionen und als Alibipolitikerin gegenüber den Auslandschinesen hatte sie niemals wirkliche politische Macht besessen. Immerhin: das kommunistische China und das stark antikommunistische Regime auf Taiwan waren auf das engste verwandt! Nach dem Tode von Suns Witwe 1981 wurde jedoch bekannt, wie sehr auch die alte Dame enttäuscht war von den chinesischen Kommunisten, denen sie so lange gedient hatte.

Nach dem Bruch mit der KP Chinas in den Jahren 1926/27 mußte Chiang noch fünf Feldzüge gegen die rote Armee führen, um sie vorerst kampfunfähig zu machen. In der Provinz Kiangsi hatten die Kommunisten, inzwischen von Mao Tse-tung angeführt, eine sowjetische Bauernrepublik gegründet. Der chinesische Kommunismus weicht insofern von den orthodoxen Vorstellungen der Marxisten-Leninisten ab, als er nicht vom industriellen Proletariat, das es in China kaum gab, sondern von Bauern angeführt und durchgeführt wurde. Deshalb war Stalin von Anfang an äußerst mißtrauisch gegenüber dem „kleinbürgerlichen" und „nationalistischen" Charakter der KP Chinas und Maos.

Dennoch waren die Kommunisten nicht wirklich geschlagen: die restlichen Truppen Maos begannen den legendären „langen Marsch". Zu Fuß, schlecht bewaffnet und unzureichend ernährt, erreichten sie nach einer strapaziösen Odyssee von 16 000 Kilometern schließlich ihren Schlupfwinkel in der Stadt Yenan in der nördlichen Provinz Schenshi. Hier hatten die Kommunisten Gelegenheit, sich zu erholen, ihre Kader aus- und weiterzubilden. In Yenan, in einer inzwischen weltberühmt gewordenen Höhle, schrieb Mao Tse-tung viele seiner später berühmt gewordenen theoretischen Schriften, hier lernte er seine spätere Frau, die Schauspielerin dritter Klasse Tschiang Tsching, kennen, die später die radikale atavistische Kulturrevolution anzettelte und heute in einem Gefängnis für ihre schweren Verbrechen, begangen am chinesischen Volk und seiner Kultur, büßen muß. Eingesperrt von den einstigen eigenen Kampfgenossen, die einst vor ihr zitterten. Sic transit gloria mundi – so vergänglich ist der Ruhm der Welt.

Es war übrigens während des Langen Marsches, daß Mao die neue Strategie einer „Einheitsfront" gegen Japan entwickelte.

Chiang, der bekanntlich kein Vertrauen zu irgendwelchen Kommunisten mehr hatte, lehnte diese Taktik und das Angebot zunächst ab. Vielmehr erteilte er zwei Generälen im Norden, Chang Hsüeh-liang (zuständig für die Mandschurei) und Yang Hu-cheng von der nordwestlichen Armee, die kommunistischen Streitkräfte in Nordshenshi anzugreifen.

Chang Hsüeh-liang ignorierte diesen Befehl – daraus kann man schon ahnen, wie schwierig es damals war, das Riesenreich wirklich zu regieren –, denn der General fiel auf die kommunistische Propaganda von der Notwendigkeit einer Einheitsfront gegen die Japaner prompt herein. Er ließ vielmehr zu, daß die Kommunisten sich frei in seinem Standort, Sian, bewegen konnten.

Es kam zu dem bekannten Zwischenfall von Sian vom 12. Dezember 1936. Chiang war dorthin geflogen, um seinem Befehl persönlich Nachdruck zu verleihen. Statt diesem Befehl zu gehorchen, wurde Chiang gefangengenommen. Erst nach Protesten aus der gesamten Öffentlichkeit Chinas und langwierigen Verhandlungen, wurde der Generalissimus zwei Wochen später freigelassen. General Chang persönlich begleitete seinen Chef nach Nanking.

Diese dramatische Entführung in Sian geschah am Vorabend des offiziellen japanisch-chinesischen Krieges. Japan hatte inzwischen viereinhalb Millionen Mann unter Waffen, des weiteren waren auch die Kriegsmarine, die Luftwaffe und die Ausrüstung der kaiserlichen Nippon-Armee den chinesischen weit überlegen. China verfügte damals nur über 1,7 Millionen Soldaten und vergleichsweise weitaus weniger Flugzeuge und Kriegsschiffe, die außerdem veraltet waren. Dies war der Ausgangspunkt für den achtjährigen Krieg, der unter Führung Chiangs letztendlich zugunsten Chinas entschieden wurde.

Aufgrund der oben geschilderten Verhältnisse hatten die japanischen Militaristen, die in Tokio das Sagen hatten, zunächst in ihrem Größenwahn allen Ernstes geglaubt, sie könnten in einer Art Blitzkrieg oder Spaziergang ganz China innerhalb von nur drei Monaten (!) erobern.

Krieg und Bürgerkrieg

Statt drei Monate eines gemütlichen „Spaziergangs" in China dauerte der Krieg mit Japan acht Jahre. Dies waren bittere und harte Jahre für das leidgeprüfte chinesische Volk, deren Folgen heute noch, 50 Jahre nach Kriegsbeginn im Jahre 1937, zu spüren sind.

Anfangs schien es in der Tat, als ob die Japaner ein leichtes Spiel haben würden. Die Söhne Nippons eroberten eine Stadt nach der anderen, der Widerstand der schlecht ausgerüsteten Chinesen war eher lächerlich zu nennen. Im ersten Kriegsjahr 1937 fielen nacheinander so wichtige Städte wie Tientsin, Peking, Nanking und Schanghai, die Wirtschaftsmetropole des Landes. Ende Oktober 1937 mußte die Regierung die Hauptstadt nach Chungking verlegen. Dies war gleichzeitig das Signal für die Außenwelt, daß die Regierung Chiang Kai-sheks trotz des unerfreulichen Kriegsanfangs gar nicht daran dachte, schmachvoll vor der japanischen Übermacht zu kapitulieren.

Dies wäre gar nicht so absurd gewesen: in diesem ersten Kriegsjahr hatte China seine modernsten Waffen und große Teile seiner Soldaten verloren, ebenso alle wichtigen Häfen, Industrieanlagen, Eisenbahnen und Verkehrswege, die Finanzquellen des Landes waren versiegt. Nur das Hinterland und die unerschöpflichen Menschenreserven Chinas standen noch zur Verfügung. Das Wichtigste war jedoch zweifellos der Kampfwille der Führung des Landes, des Präsidenten Chiangs, und der übergroßen Mehrheit der chinesischen Bevölkerung, die die Grausamkeit der japanischen Kriegsführung gegen wehrlose Zivilisten am eigenen Leibe spüren mußte.

Im Jahre 1938 erreichte der Krieg ein neues Stadium. Im Süden der Provinz Honan rief Chiang Kai-shek eine Konferenz führender Militärs ein. Der Präsident schätzte ein, daß die Kampfkraft der Japaner bereits ihren Höhepunkt erreicht hatte und es zweckmäßig wäre, wenn die chinesischen Streitkräfte sich in die Berge zurückziehen würden. In diesen Gebirgsgegenden sollte der Feind keine Gelegenheit erhalten, größere Manöver durchzuführen, sondern sollte sozusagen eingeigelt werden.

Diese Rechnung Chiangs ging auf, in den Jahren von 1939 bis 1943 änderten sich die Frontlinien kaum. Die Japaner versuchten nun, ihre Überlegenheit in der Luft zu demonstrieren und China durch schwere Bombardements in die Knie zu zwingen. Tausende von Männern, Frauen und Kindern starben in der provisorischen Hauptstadt Chungking und anderen Metropolen Chinas, die von japanischen Bomben in Schutt und Asche verwandelt wurden.

So wie Hitler seine Quislinge in den Sattel hob, versuchte auch Japan angesichts des wachsenden Widerstandes eine „politische“ Lösung herbeizuführen. In dem korrupten Politiker Wang Ching-wei fand Tokio den geeigneten „Partner“. Wang wurde „Regierungschef“ in Nanking, so wie die Japaner in der Mandschurei den letzten Abkömmling der Mandschu-Dynastie, Henri Pu Yi, zum „Kaiser“ des Marionettenstaates von Japans Gnaden, „Mandschukuo“, installiert hatten.

Wang Ching-wei erntete bei der Mehrzahl der Chinesen nur Verachtung. Es wurde weiter gekämpft, Hunderttausende verließen die von den Japanern besetzten Gebiete, um im Westen Chinas für die Front zu arbeiten oder sich den Armeen Chiangs anzuschließen.

Die chinesiche Regierung versuchte, ihre Armee durch teure Waffenkäufe im Ausland einigermaßen zu modernisieren. Jedoch tobte in jener Zeit (ab 1939) der Krieg auch in Europa. Nur die Amerikaner verkauften China rund 100 Kampfflugzeuge. Die Engländer dagegen willigten ein, die burmesische Hauptstadt Rangun für Militärlieferungen an China zu schließen. Da die Japaner 1940 auch den Norden Indochinas kontrollierten, war die Lieferung von Waffen über Kunming in der südchinesischen Provinz Yünnan ebenfalls unterbrochen.

Gleichzeitig muß darauf hingewiesen werden, daß die kommunistischen Armeen Maos ihre eigenen Ziele in der sogenannten „Einheitsfront" mit der Kuomintang verfolgten. Im Herbst 1937 sagte Mao Tse-tung ganz offen zu seinen Truppen: „Der chinesisch-japanische Krieg ist eine von Gott geschenkte Möglichkeit , um uns auszuweiten. Unsere Politik lautet deshalb, 70 Prozent unserer Bemühungen für unsere Expansion, 20 Prozent für eine Hinhaltetaktik gegenüber der Regierung und zehn Prozent für den Widerstand gegen Japan."

Die Taktik der chinesischen Kommunisten von der „Einheitsfront" ist weder typisch chinesisch-kommunistisch, noch wurde sie etwa erst Mitte der 30er Jahre entwickelt. Vielmehr ist die „Bündnisstrategie" als Bestandteil der weltweiten kommunistischen Bewegung zu sehen. Lenin prägte das bekannte Wort von den „nützlichen Idioten", die man vor den Karren kommunistischer Ziele spannen könne. Deshalb beschloß bereits 1922 der zweite Parteitag der ein Jahr zuvor (1921) gegründeten KP Chinas, mit der Kuomintang eine „Einheitsfront" zu bilden. Nicht wenige Kommunisten traten der Nationalpartei bei, wo es ihnen gelang, sie in mehrere Fraktionen zu spalten: es gab die Linken, die Zentristen und die Rechten. Mit Hilfe des radikal-linken Flügels versuchten sie, die von Sun Yat-sen begonnene Revolution in ihrem Sinne zu ändern. Mit Hilfe der von ihnen intensiv verbreiteten Gerüchteküche – heute würde man dies Desinformation nennen –, versuchten sie außerdem, die Partei zu spalten.

Während Chiang Kai-shek 1926/27 seinen Nordfeldzug begann, nutzten die Kommunisten die Abwesenheit des höchsten Mannes im Staate, um in Wuhan eine „Sowjetregierung" zu bilden. Gewerkschaften und Bauernorganisationen revoltierten unter der Führung der KP Chinas gegen die noch schwache Zentralregierung. Gleichzeitig nahmen die Kommunisten Kontakte mit „imperialistischen“ Regierungen auf, konkret mit den USA und Großbritannien. Sie versuchten, zwischen diese Staaten und die Nationalregierung einen Keil zu treiben. Eine Politik, die später, wie wir noch sehen werden, sogar zum Teil sehr erfolgreich war.

Schon damals, Mitte und Ende der 20er Jahre, gab es in ganz China Unruhen und Aufstände, zwei Regierungen rivalisierten miteinander. Nanking war der Sitz der Kuomintang-Regierung, während in Wuhan die Kommunisten die Gegenregierung gebildet hatten.

Nach den bereits geschilderten Auseinandersetzungen bis zum Beginn des Krieges gegen Japan, boten die Kommunisten im Mai 1936 „Friedensgespräche“ mit der Kuomintang an. Gleichzeitig waren sie angeblich bereit, die vier Bedingungen der Nationalregierung für solche Gespräche anzunehmen:

- Anerkennung der Drei Prinzipien des Volkes von Sun Yat-sen
- Respektierung Chiang Kai-sheks als Oberbefehlshaber
- die Integrierung der Roten Armee in die Nationalen Streitkräfte
- die Auflösung der „Sowjetgebiete“

Im Interesse des Kampfes gegen Japan ging die Kuomintang erneut, trotz der mißlichen Erfahrungen zuvor, auf diese Zusammenarbeit mit den Kommunisten ein. Die Skrupellosigkeit der Kommunisten wird offensichtlich immer wieder, nicht nur in China übrigens, unterschätzt.

Entsprechend der von Mao Tse-tung ausgegebenen Devise wurde während des achtjährigen Krieges gegen Japan die Taktik angewandt, daß direkte und größere Schlachten gegen die Japaner vermieden wurden. Die Rote Armee beschränkte sich im wesentlichen auf kleinere Guerilla-Scharmützel gegen japanische Einheiten. Vor allem diente dies dem Zweck, Waffen zur Stärkung der eigenen Truppen zu erbeuten. Die großen, opferreichen Auseinandersetzungen überließen Mao und Genossen getrost

Chiang Kai-sheks Truppen, die überfordert waren, da die Westmächte aus den bereits genannten Gründen keine Waffen mehr an China lieferten.

Für die Kommunisten brachte die Einheitsfront in der Tat zahlreiche Vorteile. So trugen die eingegliederten Rotarmisten nunmehr die Uniformen und Kennzeichen der Nationalarmee. Unerkannt konnten sie deshalb die Kuomintang-Truppen angreifen. Alleine zwischen November 1940 und Oktober 1941 wurden 395 solcher Attacken gegen die eigenen Kampfgefährten bekannt.

Nachdem Japan im August 1945 kapitulierte, hatten die Kommunisten bereits 650 000 reguläre Soldaten und etwa zwei Millionen Milizangehörige. Aufgrund dieses Umschlagens von der Quantität zur Qualität, wie die Dialektiker sagen, verwandelte sich der Partisanenkampf in einen „normalen" Krieg. Jetzt begannen die kommunistischen Rebellen, auch größere Städte zu erobern. General Lin Piao, später Maos designierter Nachfolger und dann wieder Hauptintrigant gegen den „großen Steuermann", organisierte die neue „Volksbefreiungsarmee". Gleichzeitig erhielten die Kommunisten mit Hilfe der Sowjets, die in letzter Minute Japan den Krieg erklärt hatten, große Mengen von japanischen Waffen.

In Chungking begannen unmittelbar nach Kriegsende Friedensverhandlungen zwischen der Nationalregierung und den Kommunisten. Dabei spielten die Amerikaner als Vermittler eine recht umstrittene Rolle. Der von US-Präsident Truman endsandte Botschafter George C. Marshall besuchte im März 1946 das kommunistische Hauptquartier in Yenan. Der Diplomat, der offensichtlich keinerlei Erfahrung mit Kommunisten hatte, betrachtete die Mao-Regierung als „friedliche Agrarreformer". Er empfahl Washington, den Nationalchinesen nicht mehr zu helfen: ein Kredit in Höhe von 500 Millionen US-Dollar wurde gestrichen, Waffenlieferungen an die legitime Regierung Chinas wurden gestoppt. Nachdem diese „Vermittlung" Marshalls gescheitert war, zog er es vor, wieder abzureisen.

Am 1. Januar 1947 wurde die Verfassung der Republik China von der Nationalversammlung verabschiedet. Damit erhielt China in seiner 5000jährigen Geschichte erstmalig eine moderne, demokratische Verfassung, die bis heute Gültigkeit hat. Sie besagt, daß die drei Prinzipien des Volkes von Sun Yat-sen die Grundlage für die Politik der Republik darstellen. Im April 1948 wurde Chiang Kai-shek zum Präsidenten der Republik gewählt.

Die Kommunisten indes nutzten die Gunst der Stunde: als sie merkten, daß die USA nicht bereit waren, der Nationalregierung unter die Arme zu greifen – wer denkt da nicht an Vietnam 1975? – gingen sie massiv gegen die stark geschwächte Armee Chiang Kai-sheks vor. Im Januar 1949 fielen Tientsin und Peking, weitere Städte folgten. Im Dezember 1949 mußte die Nationalregierung ihren Sitz nach Taipei auf der Insel Taiwan verlegen. Auf dem Festland begann eine kommunistische Diktatur, die bis zum heutigen Tag eine Milliarde Menschen, mit gewissen minimalen Lockerungen, fest im eisernen Griff hält. Auf Taiwan hingegen wurde ein Neubeginn unternommen.

Der „Enkel“ Sun Yat-sens: Chiang Ching-kuo

Auf die Entwicklung in Taiwan unter Chiang Kai-shek bis zu seinem Tode im Jahre 1975 wird in einem anderen Kapitel ausführlich eingegangen. Hier geht es um die Fortsetzung des Kapitels der Erben Sun Yat-sens. Kann man im übertragenen Sinne Chiang Kai-shek als „Sohn“ des großen Vaters der chinesischen Revolution bezeichnen, so verdient wiederum der heutige Präsident Chiang Ching-kuo, der älteste Sohn Chiang Kai-sheks, den Titel eines „Enkels“ von Dr. Sun.

Als der jetzt 77jährige Präsident der Republik China auf Taiwan am 21. März 1984 für weitere sechs Jahre (also bis 1990) in dieses höchste Amt mit überwältigender Mehrheit der Nationalversammlung – von den 1200 abgegebenen Stimmen waren nur acht gegen die Wiederwahl – gewählt worden war, schrieb ich in einer überregionalen deutschen Tageszeitung folgendes Porträt:

„Wie ein General sieht der kleine Herr mit dem breiten, eher verschmitzten Gesicht hinter der riesigen Hornbrille nicht aus. Aber er war einer, und nicht nur am Schreibtisch.

Als sehr junger Mann wurde Chiang Ching-kuo 1925 von seinem Vater Chiang Kai-shek in die UdSSR geschickt, um an der Leningrader Militärakademie zu studieren, und während des Krieges gegen Mao kommandierte er zeitweise die Panzertruppen an der Suchow-Front. Jetzt, drei Tage nach seinem 74. Geburtstag, erhielt ‚Chiang II‘ am 21. März das passende Geschenk: die Nationalversammlung wählte ihn mit 1012 von 1020 Stimmen in eine zweite Amtszeit als Staatsoberhaupt.

Zum Staatsoberhaupt eines Staates namens Republik China, den alle anderen Taiwan nennen. Die Einwohner der Insel haben sich daran gewöhnt. Dabei war Chiang Kaishek, der 1925 noch als ein ,warlord' unter etlichen um die Macht im psychisch wie physisch verwüsteten China rang, später tatsächlich Herr Chinas – bis Maos Armeen sein durch den Krieg mit Japan geschwächtes und von den Kommunisten unterminiertes Heer über das Meer auf die Insel trieben. Als freilich Chiang Ching-kuo 1910 in der Provinz Chekiang geboren wurde, war China noch Kaiserreich gewesen. Sein Vater verstand sich dann als Erbe und Vollstrecker des Republikgründers Sun Yat-sen.

Der Generalissimus hatte noch gute Beziehungen zum jungen Sowjetstaat, als er seinen Sohn dorthin schickte. Etwas muß dort vorgefallen sein, denn dem Gast wurde erst im Jahre 1936 die Rückkehr nach China erlaubt, und es heißt, daß er sieben Jahre in einem sowjetischen Zwangsarbeitslager verbracht hat. Wie auch immer, vom Kommunismus ist der zweite Chiang gründlich geheilt. Aus der UdSSR brachte er übrigens nicht nur Militär- und Russischkenntnisse mit, sondern auch eine bildhübsche Ehefrau, die den Namen Fang Liang („Duftendes Herz") annahm.

Auf Taiwan hat er zunächst im militärischen Sicherheitsbereich gearbeitet, ehe er sich ins Zivile zurückzog – der Vater hatte ihn als Kronprinzen der stramm autoritär geführten Republik ausersehen. Bald zeigte es sich, daß er mehr als nur ein Sohn und Erbe war. Chiang Ching-kuo hat einen großen Anteil des Verdienstes an der Stabilität, die Taiwan in ein Wirtschaftswunder führte, das – angesichts der militärischen Belastungen durch die Konfrontation mit dem Mao-Staat jenseits der Meeresstraße – jeden Vergleich mit dem deutschen standhält. Dabei galt es nicht nur Spannungen mit einer allmählich an die Macht strebenden jüngeren Generation zu überwinden, sondern auch Spannungen zwischen Festlandschinesen und gebürtigen Insulanern; schließlich nahm auch der amerikanische Verbündete den Kontakt zu Peking auf.

Mit alledem wurde das Land fertig, mit letzterem insbesondere unter dem gelassen-selbstbewußten Chiang Chingkuo, der seit 1975 Vorsitzender der Kuomintang ist und von 1972 bis 1978 Premier des Inselstaates war, bis er 1978 zum ersten mal Präsident der Insel-Republik wurde. Unter seiner Führung haben Chinesen – wieder einmal – bewiesen, zu welchen Leistungen sie fähig sind, wenn ihnen nicht ein widernatürliches Regime aufgezwungen wird." So lautete mein Porträt, erschienen in der Bonner Tageszeitung DIE WELT vom 23. März 1984. Grundsätzlich habe ich dieser Biografie in Kurzform nichts hinzuzufügen. Die Entwicklungen bis 1987 haben meine Ausführungen voll und ganz bestätigt und sogar eher als Understatement erscheinen lassen.

Es war deshalb nicht verwunderlich, daß die Nachricht von der Wiederwahl des beliebten Präsidenten auf Taiwan mit großem Jubel aufgenommen wurde. Nach alter chinesischer Tradition wurde überall Feuerwerk gezündet, um die Freude laut und vernehmlich kundzutun.

Zum Vizepräsidenten der Republik wurde übrigens der Taiwanese Li Teng-hui gewählt, der also kein vom Festland stammender Chinese ist. Auch dies ist symbolisch für die Politik Chiangs des Ausgleichs und der Harmonie.

Nach seiner Wiederwahl zogen naturgemäß die Medien auf Taiwan eine Bilanz der ersten Amtsperiode Chiangs: übereinstimmend wurde hervorgehoben, daß es ihm in der ersten Amtsperiode gelungen war, Taiwan trotz der weltweiten Rezession erfolgreich voranzubringen. Das Pro-Kopf-Einkommen erhöhte sich von 1977 bis 1984 um mehr als das Doppelte, nämlich auf jährlich 2500 US-Dollar, weitaus höher als in den benachbarten Ländern – mit Ausnahme Japans oder Südkoreas. Die Arbeitslosigkeit sank in dieser Zeit auf 2,34 Prozent und zeigt eine weitere Tendenz nach unten, so die Zeitungen in Taipei damals. Der Export wiederum, ein Lebensnerv im rohstoffarmen Taiwan und Grundpfeiler des Wirtschaftswunders und Wachstums, erreichte Ende 1983 45,2 Milliarden US-Dollar. Schon damals war das Außenhandelsvolumen der kleinen Insel größer als das des riesigen Festlandes!

Auch auf dem sozialen Sektor – Gesundheits- und Wohnungsbaupolitik, Altersversorgung, Arbeitsbedingungen – konnte Taiwan in der Zeit der Regierung Chiang Ching-kuos eine Spitzenposition im Fernen Osten einnehmen. Diese Entwicklung hat sich, wie noch zu sehen sein wird, auch bis in die letzten Monate weiter entwickelt, so daß die Halbzeit der zweiten Amtsperiode die Richtigkeit der damaligen Wahl und Wiederwahl vollauf bestätigen.

Wichtig ist in diesem Zusammenhang die Frage nach dem Nachfolger Chiang Ching-kuos, der im März 1987 77 Jahre alt wurde. Da er der älteste Sohn Chiang Kai-sheks ist, entsteht vor allem bei oberflächlichen Betrachtungen im In- und Ausland der Eindruck, als wolle die Familie Chiang eine Art Dynastie in China etablieren, vergleichbar etwa mit der roten Dynastie in Nordkorea, wo Kim Chong-il Nachfolger seines Vaters Kim Il-sung werden soll.

Wie verhält es sich wirklich mit der Familie Chiang? Muß immer ein Nachkomme mit diesem Namen Präsident der Republik China werden?

Wie gesagt, bereits 1947 wurde die heute noch gültige Verfassung verabschiedet. Sie regelt ganz klar und eindeutig die Wahl des Präsidenten. Nirgendwo gibt es eine Bestimmung, daß der Präsident zur Chiang-Familie gehören muß. Diese verfassungsmäßige Regelung, daß jeder erwachsene Bürger Präsident werden kann, der von der Nationalversammlung die notwendige Mehrheit bekommt, steht in der Tat nicht nur auf dem Papier.

Denn als 1975 Chiang Kai-shek starb, wurde keineswegs Chiang Ching-kuo sozusagen automatisch der Nachfolger im höchsten Staatsamt, sondern es war dies der damalige Vize-Präsident Yen Chia-kan. Chiang wiederum wurde erst drei Jahre später, 1978, von der Nationalversammlung zum Präsidenten gewählt.

Chiang Ching-kuo selber hat die Nachfolgefrage mehrmals eindeutig dahingehend beantwortet, daß niemand aus der Chiang-Familie daran denke, der nächste Präsident zu werden und daß ausschließlich die verfassungsmäßige Wahl eines neuen Staatsoberhauptes im Falle seines Rücktritts maßgebend sei. In einem Interview mit der amerikanischen Zeitschrift TIME im August 1985 betonte er, er habe „niemals die Überlegung angestellt, daß ein Mitglied der Chiang-Familie“ diese Nachfolge antreten soll.

Im März 1986 wurde diese Frage im Parlament (Legislativ-Yuan) in Taipei diskutiert. Fünf unabhängige Abgeordnete schrieben in einer Anfrage, daß die Nation einer „Krise einer Herrschaft durch einen starken Mann“, ferner einer Einmischung in die Politik durch das Militär, einer Gerontokratie (Herrschaft alter Männer), einer „konstitutionellen Diktatur“ usw. entgegensehe. Schon diese Formulierungen beweisen, daß es mit dieser „Diktatur“ nicht ganz so schlimm sein kann. Oder könnten Sie sich eine solche Anfrage etwa im Obersten Sowjet oder in der DDR-Volkskammer vorstellen?

Wie dem auch sei, Ministerpräsident Yu Kuo-hwa ging ausführlich auf diese vorwurfsvollen Aussagen ein.

Yu verwies zunächst auf die Zusicherung von Präsident Chiang Ching-kuo, daß niemand aus der Familie daran denke, seine Nachfolge anzutreten, wie bereits erwähnt. Der Ministerpräsident unterstrich, daß die Militärdisziplin auf Taiwan so gut sei, daß nicht zu befürchten sei, daß irgend ein Angehöriger der Streitkräfte daran denke, sich in die Politik einzumischen. Auch die Frage des Alters sei kein Problem, es gebe keine Gerontokratie. Unter Hinweis auf die besondere Lage Taiwans verwies der Regierungschef darauf, daß die Hauptaufgabe der Exekutive gerade darin bestehe, die Verfassung zu schützen. Von einer „konstitutionellen Diktatur“ könne erst recht nicht die Rede sein.

Verteidigungsminister Soong Chang-chih ergriff ebenfalls das Wort und betonte seinerseits, daß auf Taiwan eine Militärregierung nicht möglich sei. Wie auch andere demokratische Armeen hätten die Streitkräfte der Republik China ausschließlich folgende drei Aufgaben, so der Minister: das

Land zu verteidigen, das Volk zu beschützen und die Regierung zu unterstützen. Das Grundprinzip der Armee sei die Nichteinmischung in die Politik. Jedoch habe jeder Armeeangehörige als Einzelner alle Bürgerrechte, darunter auch das Recht, einer politischen Partei beizutreten und sich dort politisch zu betätigen. Dabei verwies Soong auf die Tatsache, daß 65 Prozent der Angehörigen der Armee auf Taiwan entweder eine Hochschule oder ein Gymnasium absolviert hätten. Schon aufgrund dieses hohen Bildungsniveaus der Armeeangehörigen könne man schlecht erwarten, daß jeder Einzelne von ihnen der Politik gleichgültig gegenüber stünde. Die Armee als Ganzes jedoch mische sich nicht in die Politik ein.

Durch diese unmißverständlichen Äußerungen sowohl vom Präsidenten als auch von der Regierung in Taipei ist somit sichergestellt, daß die Linie Sun Yat-sens auch in Zukunft beachtet werden soll. Das Erbe Sun Yat-sens bleibt auch in Zukunft Maßstab für die Politik in ganz China.

Präsident Chiang-kuo begibt sich gerne unter das Volk: Besuch bei kranken Veteranen

Das Jahr 2000 im Visier

Es zeugt von dem berechtigten Optimismus auf Taiwan, daß im 75. Jahr der Republik der Blick vor allem nach vorne gerichtet wird. Zwar haben die Chinesen mit ihrer wechselvollen 5000jährigen Geschichte durchaus ein starkes Bewußtsein für ihre zum großen Teil ruhmvolle Vergangenheit entwickelt, mir fiel jedoch bei meinen Reisen in der Republik China gerade im Jahre 1986 auf, daß die Perspektive Vorrang vor der Retrospektive hat. Und das ist gut so. Wobei betont werden muß, daß dieser Blick in die Zukunft kein Ablenken von der Gegenwart bedeutet. In kommunistischen Ländern wird gerne auf die „lichte Zukunft" des Kommunismus hingewiesen, um vom grauen, trüben Alltag des real existierenden Sozialismus abzulenken. Auf Taiwan kann davon nicht die Rede sein.

Wie sieht denn nach den Planungen und Voraussagen von Regierung und Wirtschaftsexperten die Zukunft der Republik China auf Taiwan im Jahre 2000 konkret aus? Man kann davon ausgehen, daß die nunmehr folgenden Voraussagen im wesentlichen eintreffen werden, so wie bisher die Pläne der Regierung und freien Wirtschaft auf der Insel Formosa eigentlich immer realistisch waren. Auch hier ein wohltuender Unterschied zu den bombastischen Plänen und Versprechungen kommunistischer Regierungen, die zumeist nicht erfüllt werden können.

Im Februar 1986 wurden erste konkrete Zahlen für die wirtschaftliche Entwicklung auf Taiwan für das 3. Jahrtausend vom Rat für Wirtschaftsplanung und Entwicklung bekanntgegeben. Hier die wichtigsten Daten:

– das jährliche Pro-Kopf-Einkommen auf Taiwan wird im

Jahre 2000 14750 US-Dollar betragen. Dies ist 4,9 mal so viel wie die entsprechende Zahl von 1984: 3064 US-Dollar. Damit wird die Republik China zu den entwickelten Staaten der Welt gehören.

- das jährliche Wirtschaftswachstum wird dann etwa 6,5 Prozent jährlich betragen
- Import und Export werden um 10,6 bzw. 12,1 Prozent jährlich gesteigert werden
- die Geburtenrate wird um 1,9 Prozent auf nur noch 0,88 Prozent sinken. Der Anteil der arbeitsfähigen Bevölkerung könnte dann auf 68,7 % gesteigert werden, dies betrifft die Menschen im Alter zwischen 15 und 64 Jahren.

Das Gremium teilte weiter mit, daß der Dienstleistungssektor mit einer jährlichen Wachstumsrate dann die Hauptsäule der wirtschaftlichen Entwicklung darstellen werde, denn dieser Sektor werde 52,6 Prozent des Nationaleinkommens ausmachen.

Während 1989 die Arbeitslosenquote 2,4 Prozent betragen soll, wird für das Jahr 2000 eine minimale Erhöhung auf 2,5 Prozent vorausgesagt.

Auch im Bereich des Konsumverbrauchs werden starke Zuwächse erwartet: im Vergleich zum Jahre 1984 werden im Jahre 2000 pro 100 Einwohner statt 27 nunmehr 49 ein Telefon haben, faktisch jeder zweite Chinese auf Taiwan. Im Falle von Pkws wird die Zahl pro 100 Einwohner von 6,4 auf 20 steigen. Dies bedeutet, daß dann jede Familie (jeder 5. Bürger) ein Auto haben wird.

Der Stromverbrauch wird sich von 53 Kilowatt auf 119 kW im Monat mehr als verdoppeln.

Für das Jahr 2000 werden für Import und Export folgende Berechnungen genannt: 165,48 Milliarden bzw. 163,9 Milliarden US-Dollar.

Gleichzeitig werden weitere Liberalisierungen und Lokkerungen im Bereich der Binnenwirtschaft und des Außenhandels angekündigt, um die Entwicklung des Landes weiter voranzutreiben.

Im Bereich des Exports wird die Elektronik von gegenwärtig Platz zwei auf den ersten Platz rücken. Alleine Elektronik-Produkte werden im Jahr 2000 50 Milliarden US-Dollar oder 34,2 Prozent aller Ausfuhren ausmachen.

Diese eindrucksvollen Zahlen wurden im Juli 1986 noch einmal detailliert auf einem Seminar in Taipei behandelt und bestätigt. An dieser Tagung nahmen 215 Wirtschaftsexperten aus dem In- und Ausland teil.

Die Republik China, so kamen die Experten überein, werde am Anfang des 21. Jahrhunderts zu den ersten zehn Industrienationen gehören. Jedoch sind diese trockenen Zahlen nur die eine Seite der Medaille. Auf dem Seminar wies Premier Yu darauf hin, daß es nicht nur darum gehe, das Einkommen der Bevölkerung und die Konsumwünsche zu befriedigen: viel wichtiger sei die Errichtung einer gerechten und fortschrittlichen, demokratischen Gesellschaft. Dies sei „ohne Beispiel in der gesamten Geschichte Chinas", unterstrich der Regierungschef.

Die in den vergangenen Jahrzehnten erzielten Erfolge sind nach Ansicht Yu Kuo-hwas der beste Beweis für die Richtigkeit der Drei Prinzipien des Volkes von Sun Yat-sen, der Entschlossenheit der Nation im Kampf gegen den Kommunismus und bei ihren Bemühungen, die traditionelle chinesische Kultur zu bewahren. Dies seien Beiträge für die Freiheit und den Frieden in der Welt, so Premier Yu.

Die hochgesteckten Ziele werden zweifellos nur durch erhöhte Anstrengungen sowohl der Regierung als auch der gesamten Bevölkerung erreicht werden können. Einer der brillantesten jüngeren Spitzenbeamten des Landes, Dr. Wei Yung, mit dem zu sprechen immer eine lohnende Angelegenheit ist, hat Anfang 1986 auf die Probleme der Zukunft hingewiesen und auch die Schwächen der Regierung beim Namen genannt. Er wird dafür bezahlt, dies zu tun: Wei Yung ist Vorsitzender der „Regierungskommission für Forschung, Entwicklung und Bewertung" seit 1976, gleichzeitig ist er Professor für politische Wissenschaften der Nationaluniversität von Taiwan. Er ist sozusagen eine Art allgemeiner Rechnungshof der Regierung, jedoch nicht nur für Finanzen, sondern für die ganze Palette der Regierungstätigkeit verantwortlich.

Wegen grundsätzlicher ideologischer Erwägungen habe man das Bevölkerungsproblem unbeachtet gelassen, bemängelt Wei Yung in einer ausführlichen Schrift an die Adresse der Regierung. Aber gerade das Bevölkerungswachstum sei größer als die sozialen und wirtschaftlichen Bedürfnisse. Im Jahre 2000 werde die Bevölkerung 23 Millionen Menschen zählen gegenüber derzeit knapp 20 Millionen.

Wei Yung sieht auch Schwächen bei der Planung der Entwicklung von Städten, die z.B. Probleme im öffentlichen Nahverkehr hervorgerufen hätten.

Im Bildungssektor sieht der Bewerter der Regierungsarbeit Mängel bei der Berücksichtigung des wirklichen Bedarfs. Viele Schul- und Universitätsabsolventen könnten das Gelernte nicht voll nutzen, auf der anderen Seite fehlten bestimmte Fachkräfte.

Nach Ansicht des Experten ist auch die Außenpolitik des Landes hinsichtlich einer langfristigen Planung mangelhaft: Erfolge in diesem Bereich seien deshalb trotz aller Anstrengungen der kompetenten Diplomaten nur marginal, betont Wei Yung. Indirekt kritisiert er damit vor allem das Festhalten am Anspruch, ganz China alleine vertreten zu müssen. Grundsätzlich hält Wei Yung dies zwar für richtig, jedoch fordert er gerade bei den Beziehungen zu ausländischen Staaten mehr Flexibilität, um aus der diplomatischen Isolierung herauszukommen, in der sich Taiwan befindet. Nach der diplomatischen Anerkennung Pekings durch faktisch alle Staaten der Welt, hat Taipei nur noch zu 22 Staaten volle diplomatische Beziehungen. Dabei sind die meisten von ihnen nicht gerade sehr wichtige Länder. Mit 140 Staaten unterhält Taipei zwar wirtschaftliche und/oder kulturelle Beziehungen, aber das Fehlen von offiziellen politischen Kontakten erschwert auch gerade diese Aufgaben.

Diese Isolation Taipeis hängt mit dem Alleinvertretungsanspruch beider Chinas zusammen: wer mit Peking Beziehungen aufnimmt, muß dieselben mit Taipei abbrechen und umgekehrt. Vor allem in den 70er Jahren wurde Peking von immer mehr Staaten anerkannt, was zum Abbruch der Verbindungen zu Taiwan führte. Gerade in diesem Bereich beginnt in Taipei allmählich ein Umdenken, Pragmatiker entwickeln immer wieder neue „Modelle", wie man aus der Isolation herauskommen könne. Offiziell bleibt jedoch Taipei noch bei seiner Haltung, wie wir im Kapitel über die innerchinesischen Beziehungen noch sehen werden. Wei Yung hat auch die Bedeutung des Umweltschutzes erkannt: dieses Problem wachse „von Tag zu Tag", heißt es in seinem Memorandum. Die zuständigen Behörden und Firmen sollten hier vor allem vorbeugend tätig werden.

In den meisten Fällen rennt Wei Yung offene Türen ein: auch die Regierung hat die meisten dieser Probleme erkannt und sie bei den Planungen für das Jahr 2000 bereits berücksichtigt. Vielleicht haben aber die Anregungen Wei Yungs erheblich zu diesen Maßnahmen beigetragen.

Aus dem Nichts ein Wirtschaftswunder

Das Jahr 2000 haben wir bereits in vielen Details erörtert. Noch haben wir aber erst 1987. Der Weg bis heute von 1949, als die geschlagene Armee Chiang Kai-sheks den Boden Taiwans betrat, bis zum erfolgreichen „Wirtschaftswunder" war lang, dornig und schwierig. Es lohnt sich, diesen Weg etwas näher zu beleuchten und kennenzulernen. Denn das Beispiel oder Modell Taiwan beweist, wie ein unterentwickeltes Land sich mit fremder Hilfe (der amerikanischen bis 1965) so entwickeln konnte, daß keine weitere Auslandshilfe nötig ist. Das Grundziel jeder Entwicklungshilfe wurde hier erreicht: Hilfe zur Selbsthilfe und zur Unabhängigkeit von dieser Unterstützung. Für viele Länder der Dritten Welt und vor allem für die eine Milliarde Chinesen im kommunistischen Teil ist Taiwan Modell und Hoffnung zugleich, so wie die Bundesrepublik Deutschland für die 17 Millionen Landsleute in ihrem „Mammut-KZ" (Willy Brandt) DDR eine Fackel in der sozialistischen Finsternis darstellt.

Begonnen hatte dieses asiatische Wirtschaftswunder mit der Bodenreform. Während meiner Reisen auf der Insel stellte ich fest, daß die Dörfer nicht nur sauber aussehen, sondern Fernsehantennen auf fast allen Dächern, Autos und Fahrräder zeugen von einem Wohlstand auf dem Lande, der in den benachbarten Ländern keineswegs anzutreffen ist. Erst recht nicht im kommunistischen China, von einigen wenigen Paradebauern abgesehen, die heute mit ihrem Auto der ausländischen Presse vorgestellt werden, so sensationell ist das dort. In der Zeit der Kulturrevolution und davor hätte man solche „Kulaken" allerdings schlicht erschossen oder mindestens in ein Umerziehungslager geschickt. So ändern sich die Zeiten.

Der große Erfolg der Wirtschaft auf Taiwan wäre ohne die grundlegenden Veränderungen auf dem Lande nicht denkbar gewesen. Denn die Bodenreform ist nicht nur in allen Entwicklungsländern der Welt *das* Problem überhaupt, sondern war für China in besonderem Maße der Schlüssel zu allen anderen Schwierigkeiten des Riesenlandes, des Kontinents China.

In China fand eine weltweit einmalige Bevölkerungsexplosion statt. Und zwar seit dreihundert Jahren. Sprach man beispielsweise 1900 von etwa 400 Millionen, 1945 von 600 Millionen, so sind es heute bereits mehr als eine Milliarde Menschen. Jeder vierte Erdenbewohner ist ein Chinese. Dadurch wurde der Boden, der für landwirtschaftliche Zwecke genutzt werden konnte, naturgemäß immer knapper. Der Hunger wurde deshalb in China, besonders auf dem Lande, zu einem alltäglichen Phänomen. Millionen von Menschen verhungerten in China. Tote in den Straßen von Schanghai oder anderen Städten regten in diesem Jahrhundert niemanden mehr auf, genausowenig wie heute noch in Kalkutta oder in Bangla Desh.

Armut und Elend in China sind oft geschildert worden. Während auf der einen Seite die Pächter immer ärmer wurden, lebten manche Großgrundbesitzer auf immer größeren Füßen. Mittelalterliche Verhältnisse von Abhängigkeit herrschten im chinesischen Dorf vor, wo immerhin 90 Prozent und mehr der Menshen lebten.

Sowohl Dr. Sun Yat-sen als auch sein Nachfolger Chiang Kai-shek sowie die Nationalpartei Kuomintang haben die Bedeutung der Agrarfrage und die dringende Notwendigkeit von Reformen erkannt. Zu den Drei Prinzipien des Volkes zählt die Forderung Sun Yat-sens, „das Land dem zu geben, der es bebaut“. Der Vater der Revolution forderte den Staat auf, notfalls den Boden zu enteignen und zu verstaatlichen, um ihn an die armen Bauern zu verteilen. Die Kuomintang und Chiang Kai-shek haben keineswegs eine Bodenreform abgelehnt, wie Klischees immer wieder fälschlicherweise behaupten.

Die chinesischen Pächter haben jahrhundertelang besonders unter zwei Lasten gelitten: den hohen Grundrenten und den Wucherzinsen für Kredite. Im Durchschnitt mußte der Pächter im alten China die Hälfte seiner Ernte an den Großgrundbesitzer abliefern. In einzelnen Fällen betrug die Abgabepflicht sogar 70 Prozent. War er nicht in der Lage, diese enormen Forderungen zu erfüllen, so mußte er die gefürchteten Kredite aufnehmen – entweder direkt vom Großgrundbesitzer oder von dessen Strohmännern, bei denen jährliche Zinsen von 100 Prozent und mehr keine Ausnahmen waren. Sehr bald nach einer solchen Kreditaufnahme konnte der Großgrundbesitzer billig zu neuem Land kommen. Damit wurde der landlose Bauer faktisch zum Sklaven und Lohnarbeiter, mit dem der Großgrundbesitzer machen konnte, was er wollte.

Es war deshalb gar nicht so selten, daß diese verzweifelten Bauern ihre Kinder verkauften, um nicht durch die neuen Schulden ihr winziges Stück Land zu verlieren. Denn dies würde das materielle Ende der Familie bedeuten. Ein Abstieg ins städtische Lumpenproletariat war häufig die Folge.

Westliche Beobachter neigen in diesen Fällen dazu, von der „Unmenschlichkeit“ dieser Verzweifelten zu sprechen. Die Menschlichkeit hat jedoch dort ihre Grenzen: wo der Mensch buchstäblich am Hungertuch nagt, kann man von ihm keine Humanität im Sinne saturierter Bürger in ihren Salons erwarten. Um sich diesen Luxus der Humanität leisten zu können, muß man erst einmal frei von materiellen Sorgen der primitivsten Art sein.

Bereits im Jahre 1924 hat der Kongreß der Kuomintang, also noch zu Lebzeiten Sun Yat-sens, eine Bodenreform gefordert, deren wichtigsten Punkte erst fast 30 Jahre später auf Taiwan durchgeführt werden konnten. Eine 25prozentige Kürzung der Grundrente wurde in einigen Provinzen (Hunan, Hupeh, Kwangtung, Chekiang) eingeführt, durch

Widerstände und Intrigen mußten sie jedoch scheitern. Die damalige „Zentralregierung" war einfach noch zu schwach, um sich gegen die einflußreichen Großgrundbesitzer mit ihren autonomen Machtorganen durchzusetzen. Im Jahre 1930, drei Jahre nach der Einigung des Landes durch Chiang Kai-shek, beschloß die Nationalregierung, daß die jährliche Abgabe an den Landbesitzer nicht mehr als 37,5 Prozent der Haupternte betragen dürfe. Genau diese Regelung wurde bei der späteren Bodenreform auf Taiwan durchgeführt.

Im China der 30er und 40er Jahre blieb dieser Beschluß auf dem Papier: es herrschten die bekannten chaotischen innenpolitischen Verhältnisse, ab 1937 kam noch der Kampf gegen die mächtigen Japaner und die Kommunisten hinzu, die nur zum Schein als Verbündete der Kuomintang auftraten. Alle Reserven Chinas, finanziell, personell, technisch wurden für den Widerstand gegen Japan benötigt.

Die oben geschilderten Umstände sind die Hauptursache für den Sieg der Kommunisten in China. Mao Tse-tung und die KP-Funktionäre haben sehr früh erkannt, daß die bittere Armut der chinesischen Bauern der beste Nährboden für den Kommunismus darstellte.

Die Kuomintang hat nach der Niederlage im Jahre 1949 erkannt, daß sie vor allem an der fehlenden Lösung der Bauernfrage gescheitert ist. Chiang Kai-shek und andere Führer der Nationalregierung übernahmen selbstkritisch die Verantwortung für diese und andere Fehler der Vergangenheit. Verbunden wurde die Selbsterkenntnis mit dem Versprechen, auf dem ihnen verbliebenen Rest des chinesischen Territoriums diese Fehler nicht zu wiederholen und deshalb als erstes beim Aufbau eines neuen Chinas eine echte, demokratische Bodenreform durchzuführen.

Diese Agrarreform wurde schnell, unbürokratisch und konsequent in Angriff genommen. Da das Problem nicht neu war, wußte die Regierung in Taipei, was zu tun war: Pächter sollen nicht mehr als 37,5 Prozent der Ernte als Abgabe an die Landbesitzer zahlen. Gleichzeitig wurde darauf geachtet, daß die Verluste der großen Landbesitzer sich in Grenzen hielten, um einen „Klassenkampf“ zu vermeiden.

Zu jener Zeit – Anfang der 50er Jahre – befanden sich 21 Prozent der landwirtschaftlichen Nutzfläche auf Taiwan noch in staatlichem Besitz. Als Bestandteil der Senkung der Grundrente wurde dieses Land Bauern zu günstigen Pachtbedingungen zur Verfügung gestellt. Im Jahre 1951 wurde dieser staatliche Boden an die Bauern veräußert, die alle notwendigen Unterstützungsmaßnahmen der Behörden genossen. Bereits 1953, vier Jahre nach dem Beginn der Bodenreform (1949), konnte sie im wesentlichen erfolgreich abgeschlossen werden.

Aufgrund dieses ermutigenden Erfolges beschloß die Regierung, allmählich das Prinzip Sun Yat-sens zu verwirklichen: „Das Land dem, der es bebaut.“ Das Pachtsystem sollte gänzlich abgeschafft werden. Stattdessen sollten freie Bauern als Eigentümer ihren Beitrag für die rasche Entwicklung der Provinz Taiwan leisten. Die Regierung ging hier vorsichtig zu Werke, um nicht einseitig die großen oder kleinen Landbesitzer zu bevorzugen.

Die Großgrundbesitzer wurden nicht entschädigungslos enteignet, wie im kommunistischen China. Außerdem durften sie einen Teil ihres Besitzes behalten, mindestens so viel, daß ihre wirtschaftliche Existenz gewährleistet war. Für den enteigneten Teil erhielten sie einen fairen Preis. Da damals eine starke Inflation das Geld wertlos machte, bekamen die Großgrundbesitzer stattdessen Anteile an Industrieunternehmen. So konnten sie sich am beginnenden Wirtschaftsaufbau des Landes in der Industrie beteiligen.

Den Pächtern bot die Regierung billige Kredite an, um die Grundstücke, die ihnen offeriert wurden, kaufen zu können. Der Verkauf erfolgte durch Regierungsbeamte, um Streitigkeiten zwischen den Grundbesitzern und ihren ehemaligen Abhängigen von vorneherein auszuschließen. Die Behörden achteten bei dieser Transaktion darauf, daß der Käufer auch tatsächlich der ehemalige Pächter – und nicht ein Strohmann des Großgrundbesitzers – war.

Man darf nicht vergessen, daß die Behörden auf Taiwan 1949 vor schwierigen Problemen standen. Die Insel, die nur 35 961 Quadratkilometer groß ist, hatte damals eine Bevölkerung von 7,3 Millionen Menschen. Dies bedeutete eine Bevölkerungsdichte von 205 Menschen auf einem km^2. Heute hat sich übrigens die Bevölkerungszahl fast verdreifacht (knapp 20 Millionen), aber durch das „Wirtschaftswunder" ist der Lebensstandard heute unvergleichlich höher als 1949. Die landwirtschaftlich nutzbare Fläche hingegen betrug zur Zeit der Landreform nur zwei Millionen Hektar, die Landbevölkerung zählte 3,8 Millionen Menschen. Dies bedeutete wiederum, daß jede Person in der Landwirtschaft im Durchschnitt nur über 0,52 Hektar Land verfügte.

Ähnlich wie auf dem Festland leidet Taiwan unter einem akuten Bodenmangel. Ende der 40er und Anfang der 50er Jahre waren nur 35 Prozent der Bauernhaushalte Grundbesitzer (247 000 Familien), die ausreichend Grund und Boden hatten. Die große Mehrzahl hingegen, 65 Prozent, gehörte zu den armen Bauern, die hohe Pachtzinsen zu zahlen hatten. Ähnlich wie auf dem Festland mußten diese Pächter bis zu 70 Prozent der Ernte abliefern. Solche extrem schlechten Bedingungen waren nirgendwo sonst in Asien für die Bauern zu finden, insofern befanden sich die chinesischen Landwirte in einer besonders prekären Lage. Neben den Wucherzinsen mußten nicht wenige Bauern auch noch „Verwaltungsgebühren" zahlen, wenn der Landlord nämlich keine Lust mehr hatte, die Pacht selber einzutreiben. Zu Neujahr und anderen festlichen Anlässen mußten diese ausgebeuteten Menschen des weiteren „Geschenke" an den Großgrundbesitzer abliefern.

In Anbetracht dieser Not war schnelles Handeln notwendig. Denn auch auf der Insel Taiwan waren bereits kommunistische Agitatoren unterwegs, die, wie seinerseits auf dem Festland, versuchten, gerade die Bauern gegen die „reaktionäre" Regierung Chiang Kai-sheks aufzuwiegeln. Doch diesmal gab die Regierung in Taipei den Kommunisten keine Chance, ihnen wurde der Wind aus den Segeln durch die oben beschriebene Bodenreform genommen. Zu hoch war der Preis, den die Kuomintang und das chinesische Volk für das Versäumnis in Sachen Bodenreform zahlen mußten, den Verlust von fast des gesamten Territoriums Chinas an die Kommunisten.

Im Jahre 1949 brauchte die gerade etablierte Regierung in Taipei nur wenige Monate, um das Gesetz über die Senkung des Pachtzinses zu beschließen. Eine wichtige Bestimmung zum Schutz der Pächter bestimmte, daß die Verträge nur noch in schriftlicher Form Gültigkeit haben. Dies war besonders wichtig, da im alten China viele solcher Verträge mündlich, sozusagen per Handschlag, abgeschlossen wurden.

Die wirtschaftlich weitaus stärkeren Großgrundbesitzer wiederum nutzten die fehlenden schriftlichen Unterlagen aus, um die Abmachungen willkürlich zu ihren Gunsten auszulegen. Nunmehr gab es nicht nur schriftliche Verträge, die Kopien derselben wurden bei den örtlichen Behörden aufbewahrt, damit sie auch nicht „verschwinden" können. Ferner wurde festgelegt, daß die neuen Pachtverträge mit den neuen niedrigen Zinsen für mindestens sechs Jahre gültig sein müssen. Nur in einigen wenigen Ausnahmefällen konnte der Grundbesitzer diesen Vertrag vorfristig kündigen.

Überwachungsorgane wurden zusätzlich eingerichtet, die die strikte Einhaltung der Bodenreform kontrollierten, denn Taipei hatte aus den Fehlern und Mängeln der Vergangenheit gelernt. Nicht nur zentral, sondern vor allem auf örtlicher Ebene waren solche Kontrollgremien tätig, denn nur vor Ort konnte die Einhaltung der Pachtverträge, die Kontrolle der niedrigen Zinszahlung und dergleichen mehr wirksam überprüft werden.

Im Jahre 1956 konnte als Ergebnis und Folge dieser Landreform festgestellt werden, daß nur noch 230 000 Hektar Land verpachtet wurden, die Zahl der Pächterfamilien war auf 156 000 gesunken. Im Verlaufe der Bodenreform waren rund 300 000 Verträge, die 841 000 Grundstücke betrafen, abgeschlossen worden. Auf Versammlungen in den Dörfern konnten die Pächter Klagen und Streitigkeiten vorbringen; hiervon wurde häufig Gebrauch gemacht. Die einst rechtlosen Unterprivilegierten merkten, daß es den Behörden und Gremien ernst war mit der Agrarreform. Diese „Anhörungen", wie wir heute sagen würden, trugen wesentlich zum Erfolg der Landreform bei.

Vor dieser Maßnahme hatten die Chinesen versucht, den verstaatlichten einstigen japanischen Besitz an Grund und Boden an die Pächter zu vermieten, die auf freiwilliger Basis Genossenschaften bilden sollten. Es zeigte sich jedoch, daß die Chinesen im allgemeinen und Bauern im besonderen, von Kollektiven nicht allzuviel wissen wollten. Bis 1950 gab es nur sechs Prozent der in Frage kommenden Fläche, die kollektiv bewirtschaftet wurde. Von 1951 bis 1962 wurden deshalb von diesen staatlichen Gütern 96 000 Hektar zu sehr günstigen Konditionen verkauft, um die Bildung von Einzelwirtschaften zu fördern.

Flankierend wurden Bauernverbände ins Leben gerufen, die die Steuern erhoben. Im Laufe der folgenden Jahre erweiterten diese Organisationen ihre Kompetenzen, von der Fortbildung bis zur Vermittlung von landwirtschaftlichen Krediten.

Diese erste wirkliche Befreiung chinesischer Bauern von der Zinsknechtschaft hatte spürbare Folgen: innerhalb von vier Jahren (1949–1953) stieg die Reisproduktion – Reis ist bekanntlich das Hauptnahrungsmittel der Chinesen – um 47 Prozent. Im selben Zeitraum verzeichneten die Pächter Einkommensverbesserungen von 81 Prozent, eine Folge der niedrigeren Zinsen.

Ein Regierungsteam schrieb in einem Bericht nach einem Besuch auf dem Lande im Februar 1951:

„Überall, wo wir hinfuhren, sahen wir neugebaute oder reparierte Bauernhäuser. Frauen und Kinder waren besser gekleidet als vorher. Auch die Ernährung der Menschen ist besser geworden. Diejenigen, die bisher von Süßkartoffeln gelebt haben, können jetzt polierten Reis essen." Die Begeisterung war so groß, daß man Tiere und Sachen mit dem Zusatz 37,5 % versah, etwa „37,5 Prozent-Vieh“, „37,5 Prozent-Häuser“ oder gar scherzhaft „37,5 Prozent-Bräute“.

Mit der Agrarreform auf Taiwan wurde gleichzeitig die Landwirtschaft modernisiert. Die Benutzung von Kunstdünger und der Kauf von Landmaschinen aller Art, die heute im übrigen zum großen Teil im Inland hergestellt werden, haben aus der primitiven chinesischen Landwirtschaft eine der modernsten in der Dritten Welt gemacht. Heute ist Taiwan ein Exportland für viele landwirtschaftliche Produkte, darunter auch Reis. Welche europäische Hausfrau kennt nicht die zahlreichen Gemüse- und Obstkonserven aus Taiwan, wie Spargel und Champignons, die sich durch gute Qualität und vernünftige Preise auszeichnen? Mit diesen beiden Produkten begann im übrigen der Exportboom – heute dominieren HiTech und Elektronik auf der breiten Palette der Ausfuhren des Landes.

In diesem Zusammenhang sollte fairerweise auch die ausnahmsweise einmal sinnvolle Tätigkeit von Amerikanern in einem Lande der Dritten Welt erwähnt werden: Berater und Experten aus den USA hatten nämlich bereits 1948, noch auf dem Festland also, die „Gemeinsame Kommission für den Wiederaufbau auf dem Lande“ ins Leben gerufen. Als die Regierung nach Taiwan fliehen mußte, wurde die bereits geplante Bodenreform für ganz China auf der Insel verwirklicht. 36 Amerikaner und Chinesen arbeiteten eng in diesem Gremium zusammen, 1964 stieg die Zahl der Mitarbeiter auf 184.

Bis 1963 gab das „Komitee für Baumaßnahmen auf dem Lande“ rund 250 Millionen DM aus. Neben unmittelbaren Bodenreformaktivitäten gab es auch zahlreiche flankierende Maßnahmen, wie die Förderung einer modernen Viehzucht, Bewässerungsprojekte u. v. a. So war die Agrarreform Zeugnis einer erfolgreichen chinesisch-amerikanischen Zusammenarbeit. Wie wir wissen, ist dies leider eher eine Ausnahme in der Geschichte der Beziehungen zwischen diesen beiden großen Völkern und Staaten.

Es ist offensichtlich: durch die demokratische Bodenreform auf Taiwan haben sich die Erben Sun Yat-sens in diesem Bereich sehr gut bewährt. Was geschah im kommunistischen China?

Im Jahre des Erscheinens dieses Buches (1987) spricht in der Volksrepublik China niemand mehr von den „Volkskommunen". Dabei waren diese Einrichtungen jahrzehntelang in der Landwirtschaft auf dem Festland dominierend. Die neue Führung in Peking unter Deng Xiao-ping versucht, die gröbsten Schäden, die diese Kommunen angerichtet haben, auszubessern und durch Flickarbeit dürftig zu reparieren. Grundsätzlich ist diese Tendenz zu begrüßen. Die Reaktion Dengs auf die berechtigten Forderungen der Studenten Anfang 1987 nach mehr Demokratie und Pressefreiheit – die Ablösung von Parteichef und Dengs Intimus, Hu Yao-bang – lassen eine gewisse Skepsis zu, ob diese Reformen auch so fortgesetzt werden, wie von westlichen Euphorikern vorzeitig angekündigt worden sind.

Gottlob gehört das Kapitel der Volkskommunen in der Volksrepublik China jetzt der Vergangenheit an. Da dieses düstere Kapitel dennoch das Leben der chinesischen Bauern jahrzehntelang bestimmt hat, müssen zum Vergleich zur Agrarreform auf Taiwan einige wenige Bemerkungen erlaubt sein, denn gerade in diesem sensiblen Bereich wird der Unterschied zwischen einer kommunistischen und demokratischen Gesellschaft überaus deutlich.

Etwa zur gleichen Zeit wie auf Taiwan begannen die Kommunisten ihre Bodenreform, nämlich 1950. Im Westen kaum bekannt ist die Tatsache, daß im Zuge dieser Reform auf dem Festland immerhin rund 1,2 Millionen Menschen, nämlich mittlere und reiche Bauern, hingerichtet worden sind. Ohne Gerichtsverfahren wurden sie dem Volkszorn und einer Lynchjustiz überlassen. An Händen gefesselt und kniend wurden sie von einstigen Pächtern bespuckt, gedemütigt, erschlagen. Weitere 20 Millionen (!) „Verbrecher" wurden in sogenannte Umerziehungslager geschickt.

Nach dieser ersten Säuberung wurden die ersten Genossenschaften nach sowjetischem Muster gebildet. Durch massiven Druck waren 1957 bereits 117 Millionen Bauernhaushalte oder 97 % aller Familien im Dorf in solchen Kollektiven organisiert.

Diese Kollektivierung in Rotchina verfolgte zwei Ziele: die totale Kontrolle auch der Landbevölkerung, zweitens die Militarisierung der Bauern. Denn Maos Variante des Kommunismus war in besonderem Maße abenteuerlich, „revolutionär" und militaristisch geprägt.

Der Höhepunkt der Zwangskollektivierung begann jedoch erst im Jahre 1958. Damals verkündete die Parteiführung in Peking den „großen Sprung nach vorn". Chinas Kommunisten glaubten, die Periode des Sozialismus überspringen zu können und das Riesenland sozusagen mit einem Schlag ins kommunistische Paradies führen zu können. Und dazu gehörte auch die Bildung der „Volkskommunen" in den Dörfern des Landes.

In dieser neuen Einrichtung wollte Mao den Kommunismus praktizieren. Die Kinder wurden nicht mehr von den Eltern, sondern von Parteifunktionären in Kindergärten und Schulen ideologisch getrimmt. Das Essen wurde nicht zu Hause, sondern in riesigen kommunalen Kantinen eingenommen. Nähmaschinenbrigaden nähten die Kleidung für alle. In manchen Kommunen wurden getrennte Unterkünfte für Männer und Frauen geschaffen, so daß ein normales Eheleben unmöglich gemacht wurde.

Es ist nicht verwunderlich, daß diese Form des Lebens, die in jeder Hinsicht unnatürlich ist, gerade von den chinesischen Bauern mit Abscheu und Empörung abgelehnt wurde. Sind doch Familiensinn und Respekt vor den althergebrachten Traditionen feste Bestandteile des chinesischen Alltags.

Auch die in den Volkskommunen eingeführte Militarisierung aller Bauern stieß auf den erbitterten Widerstand der Landbevölkerung.

Eine solche Politik des Zwangs mußte eigentlich von vorneherein scheitern. Die Folgen der Volkskommunen:

schlechte Ernteergebnisse, Hungersnöte in den 60er Jahren und erhebliche Versorgungsmängel in den 70er Jahren. Hinzu kam, daß die sogenannte Kulturrevolution (1966 bis 1976) auch auf dem Lande wütete. Tempel und Kultstätten wurden von den randalierenden Rotgardisten zerstört, „Konterrevolutionäre" gedemütigt und in Umerziehungslager gebracht. Die gesamte Wirtschaft, ob auf dem Lande oder in der Stadt, das Bildungswesen standen still. Das kommunistische China wurde in seiner Entwicklung um Jahrzehnte zurückgeworfen. Heute noch, elf Jahre nach dem Ende dieser schrecklichsten Zeit in der 5000jährigen Geschichte Chinas, sind die Folgen dieses primitiven Kommunismus immer noch zu spüren. Im Vergleich zu Taiwan ist der Lebensstandard in der Volksrepublik als ärmlich und erbärmlich zu bezeichnen. Denn während in Rotchina der „große Sprung nach vorn" ein großes Eigentor war, begann auf der Insel Formosa eine rasante Entwicklung.

Die Landreform legte die Grundlage für das Wirtschaftswunder auf Taiwan

Das Welthandelszentrum in Taipeh im Modell

Das moderne Taipeh: kaum zu unterscheiden von New York oder Caracas

Marktwirtschaft und Planung

Wenn heute die Republik China im 75. Jahr ihres Bestehens nicht als Entwicklungsland, sondern als Schwellenland (zur Industrienation) bezeichnet werden kann, so verdankt sie dies einer Wirtschaftspolitik, die eine Mischung aus freier Marktwirtschaft und staatlicher Planung darstellt. Insofern wird gerade in diesem wichtigen Bereich ebenfalls ein Grundsatz Sun Yat-sens verwirklicht, der genau dieses für China gefordert hatte. Denn ein reiner „Kapitalismus" ist nach Auffassung des Gründers der Revolution für China genauso abzulehnen wie die in der Sowjetunion praktizierte totale Planwirtschaft mit allen bekannten negativen Folgen.

Deshalb wurde auf Taiwan nach diesem „Patentrezept" verfahren. Zu dieser weitsichtigen Politik gehört auch die Haltung der Republik China gegenüber ausländischen Investitionen und solchen von Auslandschinesen. Frei von Xenophobie und Vorurteilen bot und bietet die Insel Ausländern und Landsleuten aus Übersee die Möglichkeit, auf Taiwan mit seiner hervorragenden Infrastruktur sich erfolgreich zu engagieren.

Die Wirtschaftspolitik des Landes war von Anfang an exportorientiert. Schließlich war man sich der Tatsache bewußt, daß es wenig sinnvoll wäre, nur für den Binnenmarkt zu produzieren, da Bevölkerung und Raum sehr begrenzt waren und sind. Die Devise mußte deshalb lauten: den Weltmarkt zu erobern, so „überheblich" dies am Anfang auch geklungen haben mag.

Der Aufbau der modernen Industrie auf Taiwan vollzog sich im wesentlichen in fünf Perioden:

Da während der japanischen Kolonialzeit (1895–1945) Industrie nur in geringem Umfang – einseitig ausgerichtet auf das kriegsführende Mutterland – und im Zweiten Weltkrieg vieles auf der Insel bombardiert und zerstört wurde, galt es, in der ersten Periode des industriellen Aufbaus von 1945 bis 1952, die zu 75 Prozent zerstörten Fabriken wiederaufzubauen.

Dazu zählten in erster Linie die Energiewirtschaft, die Textilindustrie sowie die Düngemittelindustrie. Außerdem wurden die japanischen Betriebe verstaatlicht. Später wurden sie im Verlauf der Bodenreform an private Unternehmer veräußert.

Bereits in dieser Phase des Wiederaufbaus entstanden zahlreiche kleinere und mittlere Privatunternehmen. Als besonders wichtig erwies sich die Textilindustrie. Vor allem ihr gelang es, zu einem bis heute wichtigen Devisenbringer des Landes zu werden. Textilien aus Taiwan sind heute genauso wie solche aus Südkorea und Hongkong in der gesamten westlichen Welt eine gefürchtete, weil überaus erfolgreiche Konkurrenz. Mit einem Anteil von rund 20 Prozent an der gesamten industriellen Erzeugung Anfang der 80er Jahre ist die Textil- und Bekleidungsindustrie heute noch eine der wichtigsten Branchen der taiwanesischen Exportindustrie. Und als Anfang der 70er Jahre die einheimische Chemieindustrie rasch entwickelt wurde, war dies auch für die Bekleidungsindustrie ein großer Auftrieb. Taiwan wurde bald zu einem der wichtigsten Produzenten von Kunstfasern, die zu Stoffen und Wirkwaren verarbeitet wurden.

Die Jahre von 1953 bis 1960 bildeten die sogenannte Grundlagenphase für die Industrialisierung des Landes. In dieser Zeit wurden vor allem die Leicht- und Konsumgüterindustrie gefördert. Hier sind in erster Linie die Nahrungsmittel- und die jetzt voll entfaltete Textilindustrie zu nennen. Gleichzeitig wurde mit dem Bau von anderen Industrieunternehmen begonnen, die in den folgenden Jahren die Exportexpansion entscheidend mitprägten.

Zucker war bereits lange vor der Industrialisierung ein wichtiger Exportartikel gewesen. Es gab deshalb bereits viele Zuckerfabriken auf der Insel. Jetzt steigerten sie die Produktion vor allem für den Auslandsbedarf. Die Konservenindustrie wurde bereits erwähnt. Neben Spargel und Champignons werden auch viele tropische Früchte wie Ananas verarbeitet und verkauft. Zwischen der EG und Taiwan gibt es einen „Handelskrieg“ wegen mancher Agrarprodukte und anderer Waren, die Europa überschwemmen.

Der große Aufschwung, der Taiwan das Attribut „asiatisches Wirtschaftswunder“ einbrachte, war in den Jahren von 1961 bis 1975 zu verzeichnen. Die bestehenden Unternehmen expandierten (darunter auch die Textilindustrie), gleichzeitig wurden wichtige Grundstoffindustrien errichtet. Der Export erklomm ständig neue Höhen. Neue Branchen wie die Elektro- und Elektronik, Chemie und Petrochemie, Maschinenbau, Keramik- und Plastikwarenindustrie, Holz- und Papierverarbeitung gewannen auf den internationalen Märkten immer mehr an Boden und wurden zu einer respektablen Konkurrenz der bisherigen Exporteure dieser Erzeugnisse: Japan, Südkorea, Hongkong und Singapur, aber auch der USA und Westeuropa. Letztere spürten, daß von der kleinen Insel Taiwan ernstzunehmende Konkurrenten, aber auch mögliche Partner auf sie zukamen.

Die vierte Phase der industriellen Entwicklung begann 1976. Dabei kam es der Regierung in Taipei auf die Konsolidierung der geschaffenen Erfolge an. Im Laufe der 80er Jahre bis zum Jahre 2000 will ja schließlich die Republik China, wie bereits skizziert, eine hochentwickelte Industrienation werden. In dieser Zeit haben kapital- und technologieintensive Großprojekte den Vorrang. Dazu zählt die Förderung der Maschinen- und Fahrzeugindustrie, der Chemie und Petrochemie, der Grundstoffindustrie, der Elektro- und elektronischen Industrie sowie die Entwicklung der Kernenergie. Aber in letzterem Bereich ist in den letzten Jahren eine gewisse Ernüchterung eingetreten. Dazu hat ein Unfall in einem Kernkraftwerk auf Taiwan 1985 genauso beigetragen wie Tschernobyl in der Sowjetunion im Frühjahr 1986: es gibt heute eine Anti-Kernkraft-Lobby auf Taiwan.

Diese rasante Entwicklung ging einher mit einer Preisstabilisierung, einem stetigen Anwachsen der Löhne und damit des Lebensstandards in der Republik China. Die wirtschaftliche Struktur auf der Insel änderte sich dementsprechend von Grund auf. Hatte die Landwirtschaft 1952 noch einen Anteil von 36 Prozent der gesamten Produktion, die Industrie dagegen nur 18 Prozent, so betrug der Anteil der industriellen Produktion 1980 bereits 52 und der Anteil der Agrarwirtschaft nur noch 7,7 Prozent.

Eine moderne und leistungsfähige Industrie braucht die entsprechenden Rahmenbedingungen. Dazu zählt vor allem die Modernisierung des Verkehrswesens. Im Jahre 1976 wurde der Hafen von Taichung vollendet, in der Nähe Taipeis wurde der neue Großflughafen Chiang Kai-shek in Betrieb genommen. Der bisherige Flughafen ist nur noch für den Inlandsverkehr zumutbar.

Eisenbahnlinien und Autobahnen wurden den neuen wirtschaftlichen Erfordernissen angepaßt. Heute ist faktisch jeder Ort auf Taiwan per Schiene, auf dem Landweg oder mit dem Auto zu erreichen. Auch diese Leistungen beweisen, wie in den Fällen Singapurs und Hongkongs, wozu das fleißige, tüchtige und erfindungsreiche Volk imstande ist, wenn es eine freie und demokratische Regierung hat, die die Ideen Sun Yat-sens kreativ verwirklicht.

Zur weiteren Verbesserung der Infrastruktur wurden zehn Großprojekte von der Regierung in Angriff genommen, von denen viele in diesem Jahr (1987) bereits vollendet wurden oder kurz vor der Vollendung stehen. Zu den weiteren Großvorhaben zählt der Bau von 12 Atomkraftwerken bis zum Jahre 2000, die dann 40% des Strombedarfs der Insel decken werden. Heute stehen bereits drei Kernkraftwerke auf der Insel.

Bis 1989 sind zwölf weitere Mammut-Vorhaben beschlossen worden, die ebenfalls kurz vor der Vollendung stehen, da inzwischen bis zu diesem Termin nur noch zwei Jahre fehlen. Dazu gehört der Plan, die Eisenbahnlinie bis 1986 rund um die Insel fertigzustellen, der Bau von drei neuen Autobahnen, die Taiwan durchqueren, ein weiterer Ausbau von Straßen und Häfen, der Bau neuer Städte und Wohnsiedlungen, die Verbesserung des landschaftlichen Bewässerungssystems, der Bau von Bürgerzentren in jeder Stadt und jedem Kreis mit Bibliotheken und anderen kulturellen Einrichtungen. Dies ist die fünfte Phase der Wirtschaftsentwicklung, die ins dritte Jahrtausend führt. Das Erbe Sun Yat-sens ist auch in diesem Bereich weitestgehend verwirklicht worden.

In der kommunistischen Volksrepublik hingegen wurde eine Wirtschaftspolitik betrieben, die bis in die heutige Zeit hinein den Bedürfnissen Chinas nur sehr unzulänglich gerecht wird, wobei das Wort „unzulänglich“ eher als Understatement zu verstehen ist. Dennoch benutze ich bewußt diesen milden Ausdruck, weil nach dem Tode Maos im Jahre 1976 und vor allem seit 1980/81 Bemühungen auf dem Festland im Gange sind, die unsere Aufmerksamkeit und Sympathie verdienen. Ein allerdings sehr zartes Pflänzchen wurde von einigen „Pragmatikern“ um den greisen, 82jährigen Deng Xiao-ping anstelle der starren maoistischen Doktrin versuchsweise in die chinesische Erde gesteckt. Dabei spielte Taiwan offenbar Pate. So entstanden in Rotchina zahlreiche Wirtschaftssonderzonen, in denen nach den Gesetzen der freien Marktwirtschaft gearbeitet wird, nur für den Export, versteht sich. Hohe Mauern schirmen diese kapitalistischen Enklaven vor den Augen der neugierigen Bewohner im grauen sozialistischen Paradies ab, denn Peking befürchtet ein Überschwappen der „bürgerlichen“ Ideologie wie alle kommunistischen Länder, die aufgrund der Erkenntnis des Scheiterns der sozialistischen Planwirtschaft zu solchen Kompromissen gezwungen sind. Dennoch: auch den chinesischen Kommunisten sollte die faire Chance geboten werden, das Erbe Sun Yat-sens anzutreten, wenn sie dies wünschen und können.

Krise und Aufschwung wechseln sich ab

Die 80er Jahre bis Anfang 1987 waren für Taiwan eine wechselvolle Zeit, in der manche harte Nuß zu knacken war. Die weltweite Rezession ging auch an Taiwan nicht spurlos vorüber, und heftige wirtschaftliche Erschütterungen galt es zu überwinden. Es scheint, als ob dies im wesentlichen gelungen ist.

Die Entwicklung Taiwans hat grundsätzlich immer wieder die Effektivität seiner Wirtschaftspolititk gezeigt: die erste ernsthafte Krise waren die Jahre 1973/74 in Zusammenhang mit der weltweiten Ölproblematik. Die Inflation stieg immens, die Verbraucherpreise verzeichneten zweistellige Erhöhungen, bis hin zu fast 28 % jährlich. Hier war ein massives Eingreifen des Staates notwendig. Die Regierung beschloß in jener Zeit die bereits erwähnten zehn großen Projekte (1974), um die Wirtschaft, sprich, die Investitionsbereitschaft zu beleben. 1976 bis 1978 betrug die jährliche Wachstumsrate wieder zwischen 13,5 bis 13,9 Prozent.

Die zweite Ölkrise, auch bedingt durch den immer noch anhaltenden sinnlosen Krieg zwischen Iran und Irak, wurde auf Taiwan ebenfalls recht gut gemeistert. Zwar betrug die Wachstumsrate der Republik China 1979 und 1980 „nur" noch 7,4 %, verglichen mit den anderen Staaten der Welt war dies jedoch durchaus beachtlich. Die Preise stiegen auf Taiwan damals um 14,4 Prozent. Bereits 1984 betrug die Wachstumsrate wieder 10,9 Prozent und die Preise blieben stabil.

Im Jahre 1982 beschloß die Regierung ein Vierjahres-Wirtschaftsaufbauprogramm, in dem verschiedene Schwerpunkte gesetzt wurden. Zu „strategischen" Industrien, die bevorzugt wurden, zählen u.a. folgende Bereiche: der Maschinenbau, darunter Präzisions-, Automations- und Transportmaschinen, die Kommunikationsindustrie wie Computer, Software, Mikrocomputer, digitale Telekommunikationsinstrumente, die elektronische Industrie insgesamt und ähnliche zukunfsträchtige Branchen. Ein gesondertes Expertengremium wurde eingesetzt, um die entsprechenden Listen zusammenzustellen. Wichtige Kriterien bei der Auswahl der künftig zu fördernden Wirtschaftszweige waren u.a. die technologische Intensität, der Energieverbrauch, die Marktmöglichkeiten und nicht zuletzt die Belastung der Umwelt.

Wissenschaft und Forschung werden in diesem Zusammenhang auf Taiwan besonders gefördert. High-Tech ist dort „in". Ich hatte Gelegenheit, mehrmals solche Einrichtungen zu besuchen, z.B. den Industriepark in Hsinchu unweit von Taipei, wo ausländische und inländische Firmen der modernsten Technologien durch zahlreiche Vergünstigungen Neuentwicklungen herstellen und erforschen können. Solche Tätigkeiten werden neuerdings, durch Gesetz geregelt, von der Besteuerung befreit, was ein großer Anreiz für die entsprechenden Firmen bedeutet. Im Rahmen des neuen „Nationalen Technologie-Entwicklungsprogramms" versucht die Regierung, Talente im Bereich der modernsten Technologien zu finden und zu fördern, und unter den vielen begabten Wissenschaftlern unter den Auslandschinesen (beispielsweise in den Vereinigten Staaten) die Bereitschaft zu wecken, für immer oder zeitweilig ihre Kenntnisse dem Mutterland zur Verfügung zu stellen.

1985 wiederum wurde eine „Kommission für industrielle Konsultation" gebildet. Sie koordiniert Industrie, Experten und Wissenschaftler sowie Behörden, um den Technologie-Transfer zu erleichtern und zu beschleunigen. Skeptiker neigen dazu, die Bemerkung zu machen: „Schon wieder eine neue Kommission, was soll dabei herauskommen?". Auch ich als Journalist mit 30jähriger Erfahrung pflege bei der

Bildung von neuen Gremien diese berechtigte Frage aufzuwerfen. Auf Taiwan gibt es natürlich wie überall bürokratische Hemmnisse und verkrustetes Denken, aber dies wird erkannt und man versucht, sie durch Kritik zu überwinden.

Gerade in den letzten Jahren wurde deutlich, daß die Regierung ernsthaft bemüht ist, die Wirtschaft ständig den Erfordernissen des Marktes anzupassen, in enger Zusammenarbeit mit den Unternehmen und anderen direkt Betroffenen. Nur einige wenige Beispiele sollen dies verdeutlichen:

- 1979 wurde beschlossen, den Wechselkurs der Währung New Taiwan Dollar (NTD) durch Angebot und Nachfrage bestimmen zu lassen.
- 1980 bekamen die Banken Taiwans größere Rechte, selber die Zinshöhe bei Krediten von Fall zu Fall zu bestimmen, wobei die untersten und obersten Zinsraten flexibler gestaltet wurden. Gleichzeitig wurde die Überwachung der Banken durch die Regierung verstärkt, wie wir noch sehen werden, nicht ohne Grund.
- Handelsbarrieren werden ständig abgebaut: Importbeschränkungen und Tarife werden laufend überprüft, ob sie noch den Bedingungen entsprechen.

In den kommenden Jahren bis zum Jahre 2000 wird auf Taiwan der Umweltschutz eine immer größere Rolle spielen. Mit der ständig wachsenden Industrialisierung des Landes entstehen unvermeidlich diese Probleme wie in allen Industriestaaten der Welt. Dazu zählen auf Taiwan in besonderem Maße die Luftverschmutzung – in Taipei ist die Luft schrecklich, durch die Abgase von Millionen Autos, die in Staus ihre Gase ungehindert hinausjagen – Abwässer und Müllbeseitigung, die Problematik der Lagerung von Abfällen aus Kernkraftwerken usw. Erfreulicherweise habe ich bei meiner letzten Reise auf der Insel im Jahre 1986 ein rapid steigendes Umweltbewußtsein registriert. Sowohl bei der Bevölkerung allgemein als auch bei den Behörden.

Es ist keine Seltenheit mehr, daß Dorfbewohner gegen die Errichtung etwa einer Chemiefabrik protestieren. Noch erfreulicher ist die Tatsache, daß die Regierung diese aufgebrachten und besorgten Menschen, die wohl an die Katastrophe in Bhopal/Indien gedacht hatten, unterstützt. So wurde erklärt, daß das geplante Chemiewerk von einem amerikanischen Großunternehmen auf keinen Fall gebaut werde, wenn die Bevölkerung wegen des geplanten Standortes dagegen sei. Noch vor wenigen Jahren war das öffentliche Umweltbewußtsein auf Taiwan unterentwickelt.

Mit Besorgnis verfolgen Regierung und Öffentlichkeit auf Taiwan auch die Bildung von gigantischen Wirtschaftsunternehmen, wie sie in Japan und Südkorea ebenfalls zu beobachten sind.

Denn solche Monople haben häufig negative Folgeerscheinungen: der Wettbewerb wird eingeschränkt, und bei Fehlplanungen oder falschen Entscheidungen sind gleich Tausende von Arbeitsplätzen gefährdet. Taiwan fördert viel mehr kleinere und mittelständische Unternehmen, zumal diese flexibler sind als die ganz Großen. In einem „Gesetz für den lauteren Wettbewerb" wird diese Sorge berücksichtigt, es ist eine Art Gesetz zum Schutze des Wettbewerbs und damit letzlich der Verbraucherinteressen.

Ein Paradebeispiel für die Schwächen von Mammutkonzernen – wer denkt nicht bei uns an AEG – war der Skandal um die „Tenth Credit Cooperative", ein privates Geldinstitut, das zum großen Cathay-Konzern gehörte. Durch Mißwirtschaft und Korruption wurde 1985 bekannt, daß das Institut fast zweihundert Millionen Dollar Schulden hatte. Die Regierung mußte eingreifen und hat dieses enorme Defizit übernommen. Für den Konzern der Familie Tsay, die über 100 Tochterunternehmen besaß, war dies jedoch der Todesstoß. Das Jahr 1985 war deshalb für Taiwans Wirtschaft durchaus als ein schwarzes zu bezeichnen. Der Export, die treibende Kraft der taiwanesischen Wirtschaft, stieg in jenem Jahr um nur ein Prozent gegenüber 1984, er betrug 15 Milliarden US-Dollar. Die Einfuhren sanken um 4,5 Prozent.

Die Exportabhängigkeit eines Landes bringt immer gewisse Probleme mit sich, bei Taiwan kommt noch hinzu, daß dieser Export in besonders hohem Umfang von der Marktlage der USA abhängig ist. Fast 50% aller Exporte Taiwans gehen in die Vereinigten Staaten, so daß die damalige Schwäche der US-Wirtschaft sich sehr nachteilig auf Taiwans Wirtschaft auswirkte. Inzwischen wird seit einigen Jahren versucht, den Handel mit anderen Regionen, darunter auch mit der EG, speziell wiederum mit der Bundesrepublik, zu erweitern, um diese starke einseitige Orientierung an die USA zugunsten Europas zu ändern. Dieser Wunsch läßt sich jedoch nicht so leicht realisieren, da der Handel mit den USA bereits eingespielt ist und auch ohne offizielle Beziehungen gut funktioniert. Gerade in Europa sind diese fehlenden Kontakte ein Hemmnis: schon für die Einreiseformalitäten der Bürger der Republik China sind langwierige Prozeduren notwendig, die schon manches lukrative Geschäft verhindert haben, weil der Partner aus Taiwan nicht rechtzeitig kommen konnte.

Inzwischen ist es.der vitalen Wirtschaft Taiwans gelungen, sich von dem „depressiven" Jahr (so viele Geschäftsleute in Taiwan im Jahre 1985) zu erholen. Immerhin handelte die Regierung rasch und griff durch, als der Skandal mit dem Kreditinstitut bekannt wurde. Zwei Finanzminister, Hsu Liteh und sein Nachfolger, Loh Jen-kang, traten zurück, 15 weitere hohe und höchste Beamte im Finanzministerium wurden disziplinarisch zur Rechenschaft gezogen.

Nicht zuletzt griff die Justiz gegen den hauptverantwortlichen dieses Skandals hart durch: Tsai Chen-chou, Vorstandsvorsitzender der Tenth Credit Cooperative, ehemaliges Parlamentsmitglied und einer der bekanntesten und wohlhabendsten Bürger des Landes, wurde zu sechs mal 15 Jahren (also 90 Jahren) Gefängnis verurteilt. Er hatte persönlich ungedeckte Schecks in Höhe von 16 Millionen Dollar ausgestellt!

Chi Chu-chen, Präsident der Internationalen Commerzbank Chinas kritisierte nach diesem Skandal das Fehlen marktwirtschaftlicher Prinzipien im Bankwesen. Deswegen betrachtet er den Skandal auch als „Katharsis“ (Selbstreinigung).

Dazu muß bemerkt werden, daß bislang die von der Regierung betriebenen oder kontrollierten Banken gerade bei der Kreditvergabe wenig flexibel waren. Außerdem waren ihre Zinsen zu hoch. Unternehmer gingen deshalb lieber zu privaten Kreditgebern, mit denen sie offen verhandeln und handeln konnten. Dies aber schuf eine Art schwarzer Markt im Kreditgewebe mit zum Teil negativen Folgen, wie der genannte Riesenskandal bloßlegte. Hier zeigt sich erneut, daß eine gesunde Marktwirtschaft unerläßlich für eine moderne und erfolgreiche Wirtschaft ist. Das richtige Maß zu finden war für Taipei in jenen Jahren offenbar schwierig gewesen. Die Forderungen der Wirtschaft nach mehr Eigenständigkeit und Liberalisierung im Welthandel sind inzwischen in vielen Punkten von der Regierung in die Praxis umgesetzt worden.

Wenige Monate nach den Vorfällen um die Kreditgenossenschaft bestätigte Präsident Chiang Ching-kuo, daß nur freie Unternehmer den „Schlüssel zum Wohlstand“ besitzen. Offensichtlich wollte der Präsident zum Ausdruck bringen, daß die staatliche Einmischung im Wirtschaftsleben auf das unbedingt Notwendige begrenzt werden sollte.

In einem Gespräch mit der Zeitschrift „Readers Digest“ („Das Beste“) sagte Chiang Ende Januar 1986 u.a.:

„Am Anfang, als private Unternehmen sowohl unter Kapital- als auch Personalmangel litten, spielten staatseigene Unternehmen eine größere Rolle. Im Jahre 1952 hatten private Unternehmer nur einen Anteil von 43,4 Prozent an der industriellen Produktion. In den letzten 30 Jahren hat die Regierung jedoch die Entwicklung von privaten Unternehmen ständig ermutigt. Gleichzeitig wurden einige Staatsbetriebe privatisiert. 1984 waren Privatbetriebe mit 83,7 Prozent an der Industrieproduktion beteiligt. Sie übertrafen damit bei weitem die Staatsbetriebe und haben die führende Rolle unserer Wirtschaft übernommen. Die privaten Unternehmer haben einen großen Beitrag für unsere wirtschaftliche Entwicklung der letzten 30 Jahre geleistet."

Chiang Ching-kuo verwies auf die Differenz im Lebensstandard der beiden Chinas. Im kommunistischen China, wo es so gut wie keine privaten Unternehmen gibt, betrage das Jahreseinkommen eines Chinesen 1984 nach eigenen Angaben der Pekinger Regierung ganze 267 US-Dollar. Auf Taiwan hingegen verdiene der Bürger im Jahresdurchschnitt zwölf mal soviel oder 3 067 US-Dollar. Denn die Kommunisten hätten im Gegensatz zu Taiwan private Unternehmer enteignet, alle Produktionsmittel unter staatliche Kontrolle gebracht und die gesamte Wirtschaft einer zentralisierten Planwirtschaft unterworfen. Die chinesischen Kommunisten, so der Präsident weiter, hätten mit ihrem Marxismus-Leninismus sowohl die „menschliche Natur als auch Marktprinzipien" ignoriert. Dies habe zur Folge, daß dort die Wirtschaft sich kaum entwickeln, das Volkseinkommen nicht gesteigert werden konnte.

Das erste Auto Made in Taiwan: Plan 101

Bereits 1981, als ich zum ersten Mal Taiwan besuchte, sah ich viele Autos, die chinesische Namen trugen, vor allem „Yue Loong". Es waren dies zwar auf Taiwan hergestellte Modelle, jedoch handelte es sich um Nachbauten, Kopien sozusagen, von ausländischen Autos, die in Lizenz lediglich auf der Insel zusammengebaut wurden. Inzwischen hat sich diese Lage geändert.

Im Mai 1985 wurde unter großem Jubel das erste Auto „Made in Taiwan" der Öffentlichkeit vorgestellt: mit dem etwas nichtssagenden Namen „Plan 101" wurde dieses neue, sportlich aussehende Fahrzeug eingeführt.

Die Firma Yue Loong ist der älteste Autohersteller auf Taiwan. Er begann bereits 1960 mit der Produktion von Lizenz-Autos. Zusammen mit fünf anderen Autoherstellern werden inzwischen jährlich etwa 170 000 PkW auf Lizenzbasis hergestellt. Zu den nachgebauten Modellen gehören solche von Ford, Peugeot und Renault oder den japanischen Honda, Nissan/Datsun.

Erst 1981 eröffnete die Firma Yue Loong eine eigene Ingenieur-Abteilung, die den Auftrag erhielt, ein völlig neues, chinesisches Auto zu entwerfen und herzustellen. 50 Millionen US-Dollar wurden in dieses Vorhaben investiert, teilte Chu Hsin, Sprecher der Firma, der Presse bei der Vorstellung des neuen Autos mit. Der Beginn war dabei durchaus bescheiden: „nur" 250 Personen sind in dieser neuen Abteilung beschäftigt. Vergleichsweise hat die japanische Firma Nissan 10 000 Forscher beschäftigt. Das neue chinesische Auto wurde nach der Vorstellung ein Jahr später, 1986, auf den Markt gebracht.

Inwieweit das neue 100prozentige chinesische Auto auf dem in- und ausländischen Markt akzeptiert wird, ist noch schwer vorauszusagen, da das Modell derzeit erst wenige Monate zum Verkauf angeboten wird. Die Autoindustrie Taiwans befindet sich zweifellos im Aufwind und scheint eine gute Zukunft zu haben.

Im August 1986 beispielsweise gelang es der Ford Lio Ho Motor Company auf Taiwan erstmalig, Fahrzeuge zu exportieren. 1 500 PkW vom Typ „Mercury“ wurden nach Kanada verschifft, ein erster Durchbruch für Taiwan. Die Firma erhofft sich künftig einen Export von 12 000 PKW's jährlich. Gerade Länder wie Kanada waren bisher vor allem Domänen der amerikanischen und japanischen Autoindustrie.

Ende 1985 gab es 64,2 Autos pro 1000 Einwohner auf Taiwan. In den Jahren 1990–1995 wird mit einer Verdoppelung gerechnet. Dies bedeutet, daß der jährliche Inlandsbedarf von jetzt 150 000 auf etwa 300 000 PkW steigen wird. Diese Zahlen verdeutlichen wiederum, daß der Binnenmarkt begrenzt ist und daß der Autoweltmarkt künftig den Kuchen mit den expansiven Autos mit klangvollen Namen wie „Fei Ling“, „fliegender Antilope“ und dergleichen mehr teilen müssen.

Noch gibt es für Taiwans Automobilindustrie ernste Probleme: die Produktion ist quantitativ noch so gering, daß sie nicht wirtschaftlich sein kann. Außerdem lieben die Taiwanesen ausländische Modelle, alleine 1985 wurden fast 15 000 Autos aus dem Ausland eingeführt. Exporte aus Taiwan gab es bis zu jenem Durchbruch im Sommer 1986 so gut wie gar nicht: 1985 wurden 23 (!) Autos aus Taiwan im Ausland verkauft. Hier muß Taiwan offenbar noch einiges von den Südkoreanern lernen. Denn obwohl die südkoreanische Autoindustrie jünger ist als Taiwans, konnten die Automobilfirmen in Südkorea im gleichen Jahr 1985 120 000 Autos in alle Welt exportieren, auch nach West-Europa (Holland, Belgien vor allem).

Die Regierung auf Taiwan beschloß deshalb im März 1986, im Bereich der Automobilindustrie eine Liberalisierung zu beginnen. Bis 1992 sollen Autoimporte nur noch mit 30 Prozent statt bisher 65 Prozent besteuert werden. Dies soll nämlich die durch den bisherigen Schutz der Regierung etwas passive einheimische Automobilindustrie wachrütteln und sie motivieren, neue, kreative Autos herzustellen, die für das In- und Ausland attraktiv sein sollen.

Vom Auto ist es nur ein Katzensprung zum nächsten populären Verkehrsmittel, dem Flugzeug. Auch in der Luft haben die Chinesen auf Taiwan bemerkenswertes geleistet: die China Airlines (CAL) gehört heute zu den führenden und renommierten Fluggesellschaften der Welt, wovon ich mich selber überzeugen konnte.

Das erste chinesische Auto PLAN 101

30 Stunden in einer CAL-Maschine

Die Güte oder das Schlechte einer Fluggesellschaft werden um so klarer, je länger man mit ihr fliegt. Während der Flugzeit gibt es bekanntlich kein Entrinnen oder vorzeitiges Aussteigen, wie dies bei Bus oder Straßenbahn möglich wäre.

Im Frühjahr 1986 flog ich erneut nach Taiwan. Erstmalig jedoch sollte dieser Flug mit der nationalchinesischen Fluggesellschaft China Airlines (CAL) geschehen, zuvor hatte es der Zufall mit sich gebracht, daß ich mit anderen Fluglinien nach Taipei gereist war.

Eine ältere und nicht sehr freundliche Lufthansa-Mitarbeiterin in Deutschland (CAL hat hier keine Vertretung, der Flug nach Taipei beginnt in Amsterdam), die mein CAL-Ticket bearbeitete, hatte auf meine Frage, wann der nächste Flug nach Taipei von Amsterdam vonstatten gehe, zwar den Termin korrekt mitgeteilt. Sie versäumte jedoch mitzuteilen, daß dieser nächste Flug einer Weltreise gleicht, denn es war die Route Amsterdam-New York-Taipei und nicht die kürzeste Route Amsterdam-Abu Dhabi-Taipei. Nebenbei gab sie noch eine völlig verkehrte Ankunfszeit in Taipei an, so daß Freunde auf dem Flughafen der chinesischen Hauptstadt zwei Tage vor meiner Ankunft vergeblich auf mich warteten. Nun ja, bei der staatlichen Lufthansa sind manche Mitarbeiter völlig verbeamtet, Muffigkeit hat sich bereits in nicht wenigen „Amtsstuben“ dieser German Airlines eingeschlichen.

Dazu gehörte auch die falsche Auskunft besagter Dame, von Stuttgart aus gebe es keinen direkten Flug nach Amsterdam. In Wirklichkeit gibt es ihn schon lange, und so buchte ich in der schwäbischen Metropole auf dem Provinzflughäfele in Leinfelden-Echterdingen kurzerhand um: statt umständlich über Frankfurt mit Umsteigen in die holländische Metropole zu reisen, bestieg ich einen „City-Hopper“ der niederländischen Fluggesellschaft KLM und war so in einer Stunde in Amsterdam. Hätte ich der Buchung und Auskunft der Lufthansa-Dame vertraut, hätte ich 5–6 Stunden alleine von Stuttgart nach Amsterdam gebraucht.

Sozusagen als „Ausgleich“ für meinen kurzen Flug nach Amsterdam aufgrund eigener Recherchen erschrak ich mächtig, als ich auf dem Flughafen von Amsterdam auf der schwarzen Tafel meinen Flug entdeckte: denn dort stand es schwarz auf weiß, NEW YORK-TAIPEI! Genau in die entgegengesetzte Richtung sollte ich zunächst geflogen werden. Meine Versuche, in eine Maschine über Abu Dhabi umzusteigen schlugen fehl, denn eine solche flog erst zwei oder drei Tage später von Amsterdam ab. Da ich als Journalist wenig Zeit hatte, nahm ich den langen Flug über Amerika in Kauf. Gottlob hatte ich ein Business-Class-Ticket, und nicht das billigste der Economy Class. Allerdings pflege ich bei langen Reisen immer ein solches Ticket vorzuziehen, da das Zusammengepferchtsein in der Touristenklasse bei 20stündigen-Flügen und länger doch eine echte Tortur ist. Dazu gehört das ständige Schlangestehen vor den viel zu wenigen Toiletten und Waschräumen in dieser Billigklasse, wo die menschlichen Bedürfnisse offensichtlich von den Konstrukteuren des Flugzeuges in geradezu inhumaner Art unterschätzt worden sind. Dabei werden auch die Passagiere dieser Klasse ständig mit Speis und Trank vollgestopft, so daß deren natürliche Folgen hätten besser berücksichtigt werden müssen.

Als Reisender der gehobeneren „Dynasty-Class“ wurde ich bevorzugt abgefertigt und kam sofort in den Salon eines riesigen Jumbo-Jets der China-Airlines, wie international wohl bei allen Fluggesellschaften üblich. Keineswegs gleich ist jedoch die Behandlung in dieser Klasse, da gibt es erhebliche Unterschiede.

Am allerwichtigsten ist das Bordpersonal, d.h. die Stewardessen und Stewards, mit den Piloten und dem technischen Personal hat der Passagier ja in aller Regel kaum Berührungsmöglichkeiten.

In diesem Punkt sind die fernöstlichen Fluggesellschaften den amerikanischen und europäischen Konkurrenten ganz allgemein weit voraus. Nicht nur, daß die mandel- oder auch schlitzäugigen Damen der Thai Airways, der Singapore Airlines, der Korean und China Airlines in der Regel viel hübscher sind als ihre weißen Kolleginnen – das Äußere spielt bei manchen westlichen Gesellschaften offenbar keine große Rolle mehr –, sondern die asiatischen Flugbegleiterinnen haben allesamt einen natürlichen Charme, eine herzliche Freundlichkeit, die ich und mit mir viele Weltreisenden bei den amerikanischen und europäischen Hostessen der Lüfte häufig vermissen. Bei letzteren gibt es häufig eine gespielte Freundlichkeit, bei manchen kommen die schlechte Laune und die Frustration aber ziemlich offen zum Ausdruck. Ähnlich ist es auch bei der russischen Aeroflot und bei der kommunistisch-chinesischen Fluggesellschaft CAAC, deren Service inzwischen weltweit als ziemlich der allerschlechteste gilt. Der Kommunismus vermag auch aus asiatischer Freundlichkeit sibirische Grimmigkeit zu machen...

Jedenfalls wurde ich während der nun folgenden 30 Stunden äußerst aufmerksam bedient und verwöhnt. Alle paar Minuten kam eine der freundlichen Chinesinnen und lispelte freundlich: „Möchten Sie etwas trinken?“ Und zum Trinken gab es genug. So konnte ich französischen Champagner so oft und soviel trinken wie ich wollte, wie auch Dutzende Sorten von Weinen und Spirituosen, von soft drinks ganz zu schweigen. Man hätte also den ganzen, ewig langen Flug auch im Suff vergessen können. Es ist im übrigen nicht bei allen Fluggesellschaften in der Business-Class üblich, daß man soviel zu trinken und zu essen bekommt, wie bei der China Airlines. Manche bieten Champagner nur in der noch teureren ersten Klasse an, geizen mit Speis und Trank.

So aber, hinzu kamen ausreichend Lektüre auch in Form von internationalen Magazinen und Zeitungen, waren die ersten neuen oder zehn Stunden bis New York im Nu verflogen. Weniger schön war es, auf dem Flughafen dieser amerikanischen Metropole in einem primitiven Transitraum bei großer Müdigkeit mehrere Stunden verbringen zu müssen, ehe man weiterfliegen konnte. Das nächste Ziel hieß Anchorage in Alaska, immer noch USA.

Nach sechs bis sieben Stunden landete der Riesenvogel auf den Flughafen von Anchorage, wo sich den Reisenden die bizarre, kalte und kahle Landschaft am Nordpol bot. Außerdem war es noch hell, obwohl es bereits Mitternacht war, denn im hohen Norden gibt es Sonnenuntergänge nur selten. Während des zweistündigen Aufenthaltes im neuen Flughafengebäude wurde man mit zwei Phänomenen des ‚american way of life' vertraut gemacht. Erstens mit der Geschäftstüchtigkeit der US-Bürger, gleich welcher Abstammung, und den damit verbundenen hohen Preisen, zum anderen mit dem Völkergemisch vor allem in Alaska, das sich jedoch uneingeschränkt als US-Amerikaner empfindet und bekennt.

In den zahlreichen offenen Läden – durch kein deutsches provinzielles Ladenschlußgesetz gehemmte Geschäftstüchtigkeit – wurden Souvenirs zumeist kitschigster Art angeboten. Zu horrenden Preisen versteht sich. Eskimo-Kunst, möglicherweise billigst auf Taiwan hergestellt, werden genauso feilgeboten wie Lachs, Rentierfelljäckchen, japanische Schnellgerichte (eine fade Nudelsuppe für 3,50 Dollar). Viele Verkäuferinnen im Laden weisen eindeutig asiatische Gesichtszüge auf: Japaner, Chinesen, Eskimos, alle mit US-Pässen.

Dann begann der längste Abschnitt der Reise von Anchorage im hohen Norden nach Taipei in Südostasien. Etwa 14 Stunden dauerte dieser Nonstop-Flug, nur zu ertragen durch die Aufmerksamkeit der inzwischen schon zweifach ausgewechselten Besatzung.

Diese eigentlich unsinnige Weltreise hat insgesamt zirka 30 Stunden gedauert. Durch den ständigen Zeitwechsel auf drei Kontinenten, den Flug über Amerika nach Asien, verlor ich außerdem einen ganzen Tag, einen Sonnabend, den ich im wahrsten Sinne des Wortes überflogen hatte. Durch diesen Flug ist mein Leben um einen ganzen Tag kürzer geworden, dafür aber konnte ich den guten Service der China Airlines 30 Stunden ununterbrochen testen und kosten.

Dabei hatte die China Airlines ganz klein und bescheiden angefangen.

Vor 28 Jahren, 1959, sammelten einige ehemalige Luftwaffenpiloten der Republik China ganze 10 000 US-Dollar. Mit dieser für eine Fluggesellschaft lächerlich und absurd zu nennende Summe begann die China Airlines: das Luft- und Bodenpersonal betrug 26 Personen, die „Flotte" bestand zunächst aus zwei PBY-Amphibienflugzeugen sowie einem C-46 Flugzeug. Zum Vergleich: 1987 verfügt die CAL über 5500 Mitarbeiter im In- und Ausland und die Luftflotte hat 20 modernste Flugzeuge. Die China Airlines ist in ganz Asien die einzige Fluggesellschaft, die weltweit operiert.

CAL-Pressechef Larry Lin erklärte gegenüber der Zeitschrit „Free China Review", daß die ersten Piloten sich sogar um die Abfälle selber kümmern mußten. Die Entwicklung der CAL kennzeichnete er mit den Worten „Wu chung sheng yu" oder „aus dem Nichts entstanden".

In den ersten Jahren beschränkte sich die neue chinesische Luftlinie auf Charterflüge nach Indochina. Dann wurden Luftfrachtdienste nach anderen Städten Südostasiens sowie weitere Dienstleistungen wie Rettungsflüge, Luftfotografie, das Sprühen von Insektiziden usw. angeboten.

In den Jahren 1962 und 1968 begannen erste Inlandsflüge, so von Taipei nach Hualien, Kaohsiung und anderen Orten. Der erste internationale Flug mit normalen Reisenden war erst 1966 nach Saigon möglich. Elf Jahre später, 1977, konnte die Luftlinie bereits mehrere Städte im Fernen Osten anfliegen.

Der „große Sprung" schaffte die neue Airline 1970 auf der Strecke über den Pazifik, Hongkong-Taipei-Tokio-San

Francisco, später kamen Honolulu und Los Angeles noch dazu.

Das Jahr 1976 sah CAL-Maschinen in Richtung Westen vordringen: via Hongkong, Singapur und Kuala Lumpur (Malaysia) wurde Saudi Arabien angeflogen. Dieser Staat gehört zu den wenigen Ländern, die ihre Treue zu Taiwan bis zum heutigen Tag durch volle diplomatische Beziehungen aufrechterhalten, ebenso wie Südafrika und Südkorea.

Im Aprill 1977, vor zehn Jahren, begannen erste Nonstop-Flüge zwischen Taiwan und den USA mit neuen Boeing 747SP-Maschinen. 1982 setzte CAL erstmalig ihre „Füße" auf europäischen Boden, durch eine Frachtverbindung nach Luxemburg. 1983 wurde die Strecke auch für Passagiere erweitert über Amsterdam-New York, so daß seitdem diese Gesellschaft rund um die Welt fliegt, wie ich mehr oder weniger unfreiwillig 1986 erleben konnte.

In einem Gespräch mit der deutschen Tageszeitung DIE WELT ergänzte der bereits erwähnte PR-Chef Larry Lin, daß China Airlines sich stärker als bisher in Europa engagieren möchte. Auch hier stößt dieser Wunsch auf Ablehnung bei den europäischen Partnern wegen der fehlenden diplomatischen Beziehungen und den möglichen Komplikationen mit der Volksrepublik China, die in jeder Beziehung auf ihren Alleinvertretungsanspruch pocht. Außerdem glauben viele Europäer, daß Beziehungen zu Peking vorteilhafter seien als mit dem kleinen Taiwan.

Lin erklärte gegenüber der Zeitung, daß der "Wunschpartner" der CAL in Europa die Deutsche Lufthansa sei. Denn es gebe gute wirtschaftliche Beziehungen zwischen der Bundesrepublik Deutschland und der Republik China, außerdem wachse der deutsche Taiwan-Tourismus. Taipei wiederum wäre für die Lufthansa interessant, denn die Hauptstadt der Inselrepublik sei eine Drehscheibe in Richtung Japan, Korea und Hongkong.

Besonders hervorgehoben wurde von Larry Lin das junge Alter der Flotte: im Durchschnitt sei jedes Flugzeug nur 3,9 Jahre alt. Viele Gesellschaften fliegen bekanntlich zum

Teil 20 Jahre alte, manche sogar noch ältere Flugzeuge. Dennoch ist das Unternehmen in den roten Zahlen, für 1984 nennt Lin ein Defizit von rund 160 Millionen Dollar. Neuere Zahlen sind bisher, zumindest in Deutschland, nicht zu bekommen. Vor allem gibt es offenbar eine personelle „Überkapazität".

Befragungen unter den Reisenden haben meine Erfahrungen in der großen Mehrheit bestätigt: 70 Prozent der Passagiere sind mit den Leistungen zufrieden. In jedem Monat werden die Meinungen der CAL-Gäste genauestens ausgewertet und Vorschläge zur Beseitigung von Mängeln ausgearbeitet.

Gespräche mit Generälen

In den Anfangskapiteln dieses Buches haben Sie bereits einiges lesen können über Dr. Sun Yat-sen, die Geschichte der Revolution von 1911 und der Republik China von 1912 bis 1987. Diese Darstellung ist nicht nur das Ergebnis von jahrzehntelanger Beschäftigung mit China, da ich als Sohn chinesischer Eltern mich mit diesem Land besonders verbunden fühle. Sondern diese Kenntnisse sind auch das Ergebnis von Gesprächen mit Zeitzeugen, die diese Geschichte persönlich maßgeblich mitgestaltet haben.

So hatte ich auf Taiwan mehrfach Gelegenheit mit General Wego Chiang zu sprechen, einem Sohn Chiang Kaisheks und damit einem Bruder des heutigen Präsidenten Chiang Ching-kuo. Wego Chiang ist als Direktor eines militärischen Forschungsinstituts und Publizist zahlreicher Bücher sowie Artikel über den japanisch-chinesischen Krieg ein erstklassiger Informant in Sachen der neueren chinesischen Geschichte. Kein Wunder, denn er hat ja selber diese Periode aktiv mitgestaltet. Wego Chiang hat im übrigen in Deutschland studiert und ist besonders herzlich zu deutschen Gästen. Die Herzlichkeit, Offenheit und der Witz von Wego Chiang sind für mich immer wieder erfrischend. Er scheut sich auch nicht, persönliche „Kritik" anzumelden.

So bat er mich bei meinem ersten Besuch, meinen eindeutig chinesischen Namen mit chinesischen Schriftzeichen auf einem Blatt Papier zu schreiben. Für Chinesen ist die Schrift entscheidend, nicht so sehr die Aussprache des Namens, denn dasselbe Wort kann viele Bedeutungen haben, erst geschrieben erkennt der Chinese, welches

Schriftzeichen und damit welche Bedeutung der Name oder auch das gesprochene Wort hat.

Nachdem ich diesen durchaus üblichen Wunsch in China erfüllt hatte, schaute der General mich mißmutig an:

„Wieso schreiben Sie Ihren mittleren Namen ‚xing‘ mit ‚x‘?“

„Wieso denn nicht?“ konterte ich, wohl ahnend, was der General meinte.

Wego Chiang hob den Zeigefinger und belehrte mich: „Das ist doch die kommunistische Schreibweise, an sich schreibt man das Wort mit hs, also hsing.“

Für den Leser, der dieses „Problem“ nicht versteht, folgende Anmerkung: die chinesischen Kommunisten haben nicht nur zahlreiche chinesische Schriftzeichen 1956 radikal vereinfacht, sondern auch die lateinische Wiedergabe der chinesischen Wörter völlig geändert. Wurde mein mittlerer Name „hsing“ (fröhlich) heute noch auf Taiwan, in Honkong oder Singapur mit „hs“ geschrieben, so ist der Buchstabe „x“ für jeden Chinesen ein Beweis für die neue, kommunistische Transkription!

Halb scherzend bat General Wego Chiang, den dieses „x“ offenbar störte, meinen mittleren Namen künftig mit „hs“ zu schreiben. Ich erklärte ihm, daß dies in der Bundesrepublik sehr schwierig sei. Namen könnten nur dann verändert werden, wenn sie unanständig oder anstößig seien. Aber der innerchinesische Streit, ob mit „x“ oder „hs“ würde wohl keinen deutschen Standesbeamten veranlassen, meinen Namen zu ändern, erwiderte ich.

Aber siehe da, als ich ihn 1986 erneut besuchte, fragte er sofort verschmitzt: „Lieber Herr Kuo, schreiben Sie ‚xing‘ immer noch mit ‚x‘ und nicht mit ‚hs‘?“ . . .

Wego Chiang möchte ich in diesem Buch den Lesern kurz vorstellen, denn ich und damit die Leser verdanken ihm viele interessante Informationen, die hier wiedergegeben werden.

Wego Chiang ist der zweite Sohn Chiang kai-sheks. Er wurde 1916 in Schanghai geboren, er ist heute 71 Jahre alt, sieht jedoch erheblich jünger und vitaler aus. Ich habe ihn zuletzt 1986 als höchstens 60jährigen eingeschätzt!

Der Wissenschaftler Wego Chiang wurde an der Universität Suchow in China ausgebildet. Seine militärische Karriere begann er in Deutschland. 1937 war er im 98. Gebirgsjäger-Regiment der deutschen Wehrmacht, außerdem besuchte er die Kriegsschule in München. Weitere Stationen in der militärischen Ausbildung des begabten Offiziers waren u. a. die Army Air Corps Tactical School in Maxwell Field in den Vereinigten Staaten, das Command and General Staff College in Fort Leavenworth (USA, Kansas), die USA Air Defense School in Fort Bliss und chinesische Kriegsakademien. Besonders gerne erinnert sich Wego Chiang an seine Zeit in Deutschland. Bei jedem Besuch meinerseits hatte er alte Freunde aus Deutschland zu Gast, mit denen wir dann gemeinsam Mittag aßen. Die deutsche Sprache versteht er immer noch, auch wenn inzwischen 40 Jahre vergangen sind. Einige seiner zahlreichen Bücher sind deshalb in deutschen Verlagen erschienen, es versteht sich von selbst, daß ihm an besonders guten Beziehungen zwischen der Republik China und der Bundesrepublik liegt, ein Anliegen, das leider von der offiziellen China-Politik in Bonn nicht erwidert wird. Die Bundesregierung unterhält nur zu Peking diplomatische Beziehungen und achtet preußisch streng darauf, daß das nationale, freie China nichts unternehmen kann, was die kommunistischen Chinesen stören könnte!

Gleich drei Mal erhielt Wego Chiang für seine zahlreichen historischen und militärstrategischen Schriften und Bücher den Ehrendoktortitel: von der koreanischen Kyung Hee Universität, der Universität der Chinesischen Kultur sowie der amerikanischen Northrop Universität, und zwar innerhalb von drei Jahren (1982–1985). Seine Doktorarbeit befaßte sich mit dem Thema „Grundsätzliche Betrachtungen über das Heerwesen“, aber auch eine philosophische Schrift „Über die Lehre der Harmonie“ wurde von dem vielseitigen General verfaßt.

Chiang kennt nicht nur die Theorie, sondern auch die Praxis des Krieges. In den Jahren 1945–1948 war er Kommandeur des ersten Panzerregiments des chinesischen Heeres. Bis 1950 war er Stabschef und Kommandierender General des Panzerkorps der Republik China. Die nächsten drei Jahre leitete er die Abteilungen Organisation und Ausbildung im Verteidigungsministerium. Von 1958 bis 1963 leitete er erneut das Panzerkorps, bevor er zum Kommandeur der Führungsakademie des chinesischen Heeres befördert wurde. 1969 wurde er Direktor der Kriegsakademie, von 1975 bis 1980 Präsident der Universität der Streitkräfte in Taipei.

Bis Juni 1984 war er Oberbefehlshaber der „Combined Service Forces", der kombinierten Dienste der Streitkräfte. Anschließend wurde er zum Leiter des Ausbildungsamtes für die verbundenen Operationen im Generalstab ernannt. General Wego Chiang ist verheiratet und hat einen Sohn.

Seine Schriften, die in zahlreiche Sprachen übersetzt wurden, sind eine unentbehrliche Quelle für alle, die sich für die moderne chinesische Geschichte und für allgemeine Fragen der Militärstrategie interessieren. Sie ersetzen jedoch nicht den Wert des persönlichen Gesprächs, zumal mit einer Persönlichkeit von soviel Charme und Humor.

Bei meinem jüngsten Besuch auf Taiwan im Frühjahr 1986 bekam ich die wirklich einmalige Gelegenheit, mit einem Mitkämpfer Sun Yat-sens zu sprechen: dem heute 97 (!) jährigen General Ho Ying-chin.

Wer glaubt, ich würde einem senilen Tattergreis die Hand drücken, irrt sich. Der fast 100jährige Offizier geht, wenn auch gestützt von seinen Adjudanten, gerade. Seine Gedanken sind glasklar, er leitet die „Große Union für die Wiedervereinigung Chinas unter den Drei Prinzipien des Volkes" in Taipei, schreibt historische Bücher und beabsichtigt, in diesem Jahr 1987 eine Europareise zu machen! Diese ungeheure Vitalität in diesem Alter ist an sich schon ein medizinisch-biologisches Wunder. Ich war zutiefst beeindruckt von diesem Grandseigneur der chinesischen

Geschichte. Hier nur einige wenige Daten aus dem fast 100jährigen Leben des Mitstreiters von Sun Yat-sen, eines besonders kompetenten Zeitzeugen der chinesischen modernen Geschichte.

Im Lebenslauf General Ho's steht zuerst seine jetzige, aktuelle Tätigkeit: Strategie-Berater des Präsidenten, Vorsitzender der „Großen Union für die Wiedervereinigung Chinas unter den Drei Prinzipien des Volkes", Vorsitzender der Chinesisch-Japanischen kulturellen und wirtschaftlichen Vereinigung, Mitglied der UNO-Vereinigung der Republik China, Präsident der Rot-Kreuz-Gesellschaft der Republik China usw. Eine beachtliche Liste für einen Mann in diesem wahrhaft biblischen Alter. Und daß er keine „Karteileiche" ist, konnte ich alsbald nach den ersten Minuten des Gesprächs feststellen. Der am 2. April 1890 in der Provinz Kweichow geborene Offizier war 1911, als die Revolution Sun Yat-sens begann, ein 21jähriger Soldat, der an der Seite Suns kämpfte. Später übernahm er in der Republik China unter Chiang Kai-shek und Chiang Ching-kuo zahlreiche wichtige Funktionen, bis hin zum Minister für Nationale Verteidigung von 1949–1958.

Mit einem Menschen mit dieser Erfahrung zu sprechen war für mich eine besondere Ehre. Zumal er sich die Mühe machte, eines seiner zahlreichen historischen Bücher persönlich für mich, den deutschen Gast chinesischer Abstammung, zu signieren. Ein Mitarbeiter: „Dies ist eine besondere Auszeichnung, sonst wird die Widmung von einem seiner Mitarbeiter geschrieben." Der 97jährige malte mit Pinsel und Tusche mit schwungvoller Schrift meinen Namen auf chinesisch, seine Unterschrift und eine Widmung „mit den besten Wünschen". Dieses Buch mit dem roten Festeinband nimmt einen besonderen Platz in meiner Bibliothek ein.

General Ho, der nach Kriegsende 1945 auch die Kapitulation der Japaner entgegennahm, war gleichzeitig einer der maßgeblichen Heerführer in dem achtjährigen chinesisch-japanischen Krieg von 1937–45 gewesen. Über Ursachen und Verlauf dieses Abschnitts der chinesischen Geschichte erklärte er unter anderem:

„Am 25. Juli 1927 legte der japanische Kanzler Tanaka dem japanischen Kaiser einen Bericht vor, in dem er betonte: falls Japan China erobern wollte, müßte Japan zuerst die Mandschurei besetzen, und wenn Japan die Welt erobern wollte, so müßte Japan zuallererst China erobern. Nach diesem Rat wurde die China-Politik der japanischen Militaristen ausgearbeitet."

Ausführlich berichtete General Ho über die einzelnen Perioden dieses Krieges, flechtete Anekdoten ein über die Tapferkeit der chinesischen Soldaten trotz ihrer waffentechnischen Unterlegenheit im Kampf gegen die Japaner.

General Ho schwelgt jedoch keineswegs nur in der Vergangenheit. Im Gegenteil: Gegenwart und Zukunft sind für ihn äußerst wichtig. Er vergleicht mehrmals die Situation im geteilten China mit dem geteilten Deutschland:

„Am Ende des Krieges hat Generalissimus Chiang Kaishek gegenüber Japan und der ganzen Welt erklärt, daß China die böse Vergangenheit Japans vergessen und nunmehr mit allen Menschen friedlich leben wolle. Wir wollten, daß zwischen den Menschen unserer Welt statt Haß gegeneinander Liebe herrschen sollte. Die Welt sollte nie wieder Krieg führen müssen. Aber unglücklicherweise wurden sowohl Deutschland als auch China nach dem Zweiten Weltkrieg geteilt." Der uralte General mit dem jungen Geist kennt das geteilte Deutschland aus eigener Anschauung:

„Die Menschen Ost- und Westdeutschlands sowie auf beiden Seiten der Taiwan-Straße haben ein unvergleichbares Leben. Auf der einen Seite Armut, auf der anderen Wohlstand, wie in der Hölle und im Paradies. Ich bin in West-Berlin gewesen, ich habe die Berliner Mauer besucht. Ich habe ein tiefes Mitgefühl für Ihre Landsleute in Ostdeutschland. Die Bundesrepublik Deutschland und die Republik China sollten eng zusammenhalten, um die Landsleute unserer beider Länder, die zur Zeit unter dem Joch der jeweiligen kommunistischen Regime leben, zu retten. Denn die Menschen, die gegenwärtig in Ostdeutschland und auf dem chinesischen Festland leben, sind unsere Landsleute.

Meine Landsleute auf dem chinesischen Festland haben den Wunsch geäußert, daß das Regime in Peking den wirtschaftlichen Erfolg der Republik China auf Taiwan als Muster für ganz China übernehmen soll. Das gilt auch für das politische System. Die Chinesen auf dem Festland möchten, daß das dortige Regime von unserem System lernt." General Ho berichtete, daß er genau aus diesem Grunde 1982 die neue Bewegung für die Wiedervereinigung Chinas unter den Drei Prinzipien des Volkes von Dr. Sun Yat-sen gegründet habe, „um den Wunsch meiner Landsleute auf dem chinesischen Festland in dieser Hinsicht zu unterstützen". General Ho unterstrich, daß die von ihm geleitete neue Organisation – vielleicht entfernt vergleichbar mit dem „Kuratorium Unteilbares Deutschland" – „von den Chinesen der ganzen Welt und vielen freiheitsliebenden Menschen" herzlichst aufgenommen worden sei.

Sie sei „eine Bewegung des ganzen Volkes und sie ist gegenwärtig eine Kraft zum Sturz der chinesischen kommunistischen Tyrannei geworden". Deshalb sei er zuversichtlich, so der alte Kämpfer überzeugt, daß ganz China wiedervereinigt werde, eben unter den Prinzipien Sun Yat-sens.

General Ho unterstrich, daß in der Republik China auf Taiwan nach 1949 diese Grundsätze im wesentlichen verwirklicht worden seien und daß die Republik China die wirklichen Erben Suns seien. Mit Elan und voller Überzeugung verwies er auf die Leistungen und Errungenschaften auf Taiwan, über die ich an anderer Stelle detailliert berichtet habe. Aus dem Munde dieses alten, im Geist und Herzen junggebliebenen Patrioten und Kämpfers, klangen diese Worte, die ich so oft gehört und auch bestätigt gefunden habe, besonders aufrichtig. Nachdenklich und zutiefst gerührt verabschieden wir uns. Ob ich ihn je wiedersehen werde?

Diese und andere Gespräche auf Taiwan, vor allem mit der älteren Generation, haben mir sehr geholfen bei der

Abfassung dieses Buches. Ich erhielt Zugang zu sonst verschlossenen Archiven, bekam seltene Fotos sogar aus den Anfangsjahren der Revolution und der Republik, konnte mit den wenigen noch lebenden Zeitzeugen dieser 75 Jahre alten Republik China sprechen. Ihnen allen, auch den vielen Ungenannten, gilt mein Dank, sicherlich auch im Namen der Leser dieses Buches.

Der fast 100jährige General Ho, ein Mitstreiter Sun Yat-sens mit dem Autor (vlnr)

General Wego Chiang, ein Sohn Chiang Kai-sheks (links) mit dem Verfasser in Taipeh

Der höchste Lebensstandard in 5000 Jahren

Von der erstaunlichen wirtschaftlichen Entwicklung wurde bereits gesprochen. In diesem Kapitel geht es um die Frage: wie lebt der einfache Chinese, Otto-Normalverbraucher auf Taiwan? Politisch gefragt, was ist aus dem Prinzip Sun Yat-sens von einer Volkswohlfahrt im 75. Jahr der Republik China geworden? Trockene Statistiken werden hier durch meine eigenen Beobachtungen ergänzt, bekanntlich können Zahlen frisiert werden.

Für jeden Beobachter steht heute außer Zweifel: in der Republik China auf Taiwan ist der höchste Lebensstandard in der 5000jährigen Geschichte Chinas geschaffen worden. Es gibt auf Taiwan keine Armut mehr. Hunger und Elend sind dort für immer verschwunden, so lange jedenfalls, wie die freie demokratische Republik existieren wird.

Heutzutage ist der Lebensstandard auf Taiwan vergleichbar mit dem in Singapur oder Südkorea. Hinzu kommt, daß dieser Lebensstandard auf Taiwan eindeutig eine stetig steigende Tendenz hat. Es ist bereits erwähnt worden, daß im Vergleich zur Volksrepublik China dieser Lebensstandard zwölf Mal höher ist, obwohl die Ausgangslage nach dem Kriege in beiden Chinas etwa gleich schlecht war. In dieser schlichten Zahl wird die Überlegenheit einer freien Marktwirtschaft und Gesellschaft gegenüber einer totalitären kommunistischen Planwirtschft deutlicher als in vielen dicken Büchern und Abhandlungen.

Denn bei der wirtschaftlichen Entwicklung auf Taiwan wurde nicht, wie in manchen anderen Ländern, nur das Kapital, die Arbeitgeberseite bevorzugt. Auch und gerade in diesem wichtigen Bereich sind die Lehren aus der Vergangenheit von der Regierung und der Kuomintang richtig gezogen worden. Von Anfang an wurde ein modernes Sozialsystem angestrebt, um eine Verelendung oder große soziale Ungerechtigkeiten zu vermeiden. Denn sie wären der besten Nährboden für kommunistische Agitatoren gewesen. Wohlstand ist bekanntlich das einzig wirksame Patentrezept gegen radikale, revolutionäre Ideen, Armut hingegen fördert die Verbreitung von Klassenkampfthesen und Gewalttheorien.

Zur Erinnerung: heute beträgt das Pro-Kopf-Durchschnittseinkommen auf Taiwan rund 3000 US-Dollar oder 500 DM im Monat, in der Volksrepublik China hingegen 250 Dollar im Jahr oder etwa 40 DM monatlich. Ähnlich niedrig sind Monatseinkommen wie in der Volksrepublik China in nur wenigen, äußerst armen Ländern der Dritten Welt.

Der wohlhabende europäische Leser wird vielleicht die Nase rümpfen, wenn er liest, daß auf Taiwan „nur" 500 DM monatlich – im statistischen Durchschnitt – verdient wird. Es gilt jedoch zu bedenken, daß viele Preise auf Taiwan erheblich niedriger sind als in Europa: Mieten, Grundnahrungsmittel, Dienstleistungen sind häufig geradezu spottbillig, vergleicht man sie mit deutschen Maßstäben. Insofern ist die Summe 500 DM um ein Vielfaches zu multiplizieren, um den Lebensstandard des Chinesen auf Taiwan richtig einzuschätzen. Bemerkenswert ist in diesem Zusammenhang der sogenannte Gini-Koeffizient: das ist das Verhältnis zwischen dem Einkommensanteil von 20 % der reichsten und 20 % der ärmsten Bevölkerungsschichten. Dieses Verhältnis ist unter *allen* Staaten der Erde auf Taiwan das niedrigste. Dies heißt konkret, daß auf der ganzen Welt die Reichsten auf Taiwan den kleinsten Anteil am Gesamteinkommen des Landes haben.

Wie wir noch im Einzelnen sehen werden, ist das Sozialsystem auf Taiwan durchaus modern zu nennen und scheut keinen Vergleich mit europäischen Staaten. Zu begrüßen ist jedoch, daß „klassische“ Elemente der konfuzianischen, zutiefst chinesischen Säulen einer sozialen Absicherung mit eingebaut sind. So ist es beispielsweise eine ehrenvolle Pflicht für chinesische Kinder, sich um ihre Eltern selber zu kümmern, wenn diese alt und krank sind. Insofern gibt es in der Republik China wenig Altersheime, in die diese Betagten von ihren Kindern abgeschoben werden können. Denn der Humanismus, vor allem im familiären Verband, ist ein wichtiges Prinzip der chinesischen Mentalität und Lebensphilosophie. Auch hier eine, wie ich meine, gelungene Mischung von chinesicher und westlicher Sozialpolitik, um Sun Yat-sens Idee von einer gesunden Volkswohlfahrt zu verwirklichen.

Schon im alten China war der soziale Gedanke nichts Fremdes, wenn auch vor allem die Großfamilie in erster Linie das „Sozialamt“ darstellte. Deshalb galten und gelten z.T. auch heute noch eine Großzahl von Kindern als eine Art „Garantie“, daß man im Alter nicht den Tücken des Schicksals überlassen wird. Jedoch gab es bereits in den früheren Kaiserreichen öffentliche Einrichtungen für solche Fälle, in denen die familiäre Hilfe nicht vorhanden war oder nicht ausreichte: so gab es sogenannte „Reisscheunen“, um bei Hungersnöten die Armen und Hilfsbedürftigen kostenlos zu speisen. Ähnlich wie bei uns die karitativen Organisationen der Kirchen gab es im alten China ferner Tempel und Häuser der Barmherzigkeit, die allerdings nur von Fall zu Fall für die Ärmsten einspringen konnten. Auch war eine Nachbarschaftshilfe von Dorf zu Dorf bereits im Altertum bekannt. Der Gemeinsinn ist keine Erscheinung, die nur das christliche Abendland für sich beanspruchen kann.

Ein modernes Beispiel war die Spendenfreudigkeit der Chinesen auf Taiwan, als sich im Jahre 1984 ein schweres Grubenunglück mit zahlreichen Toten ereignete. Spontan wurden in kürzester Zeit für rund umgerechnet 14 Millionen DM Spenden für die Hinterbliebenen der Opfer gesammelt, neben den vom Staat und vom Sozialgesetz vorgesehenen Hilfsmaßnahmen.

Bereits in der 1947 verabschiedeten Verfassung der Republik China (noch auf dem Festland) wurde der Frage der sozialen Sicherheit gleich sechs wichtige Artikel oder Grundsätze gewidmet:

1. der Sicherung von Arbeitsplätzen
2. der ständigen Verbesserung der Lebensverhältnisse für Arbeitnehmer und Bauern
3. der sozialen Partnerschaft (Harmonie zwischen Kapital und Arbeit)
4. der Gründung einer Sozialversicherung für Alte, Behinderte und Katastrophenopfer
5. der Förderung der Wohlfahrt von Frauen und Kindern
6. der Etablierung eines öffentlichen Gesundheitsdienstes

Pate bei der Verabschiedung dieser Artikel des chinesischen Grundgesetzes, das heute nach 40 Jahren volle Gültikgeit hat, war vor allem das westliche Sozialnetz.

Wie in den meisten Staaten der Welt genossen von Anfang an Beamte und Angestellte im öffentlichen Dienst, einschließlich Soldaten und Offiziere, eine privilegierte Stellung. Für sie wurde schon frühzeitig eine Pensionsregelung beschlossen. Ferner gibt es bereits seit Jahrzehnten Versicherungen für Studenten, Lehrkräfte an den zahlreichen privaten Bildungseinrichtungen sowie Fischer. Neben staatlichen Aufwendungen gibt es in der Republik China inzwischen zahlreiche Stiftungen und Spender, die ebenfalls den Sozialfonds auffüllen.

Bekannt sind u.a. die Free China Relief Association, die vor allem Flüchtlinge aus dem kommunistischen China, einschließlich deren Nachkommen, unterstützt, sowie weitere rund 100 karitative Vereinigungen, die vor allem von Unternehmern ins Leben gerufen worden sind.

Für die große Masse der Arbeitnehmer sind verschiedene Gesetze verabschiedet worden, die deren Rechte in der Frage des Lebensstandards ständig, zum Teil gegen den Widerstand der Arbeitgeber, absichern. Dazu zählen das Arbeitsgesetz aus dem Jahre 1984, das Arbeitsversicherungsgesetz aus dem Jahre 1958, das inzwischen drei Mal verbessert wurde, das Sicherheits- und Gesundheitsgesetz aus dem Jahre 1974 sowie das Bergwerkssicherheitsgesetz vom Jahre 1973.

Zwischen 1973 und 1986 wurden außerdem zahlreiche andere Gesetze verabschiedet, die sich mit dem Lebensstandard und der Unterstützung von Randgruppen der Gesellschaft befassen, so für Behinderte, eine Art Sozialhilfegesetz, ferner die Gesetze für die Wohlfahrt von Kindern und Jugendlichen.

Neben diesen zentralen Gesetzen und Verordnungen, die theoretisch nicht nur für die Provinz Taiwan, sondern für ganz China Gültigkeit haben sollen – entsprechend dem Alleinvertretungsanspruch der Regierung in Taipei – gibt es auf örtlicher Ebene ebenfalls mehrere Sozialprogramme. Auch in der Bundesrepublik gibt es ja neben den bundesweit gültigen Regelungen im Sozialbereich auf Landes-, Kreis und kommunaler Ebene Sonderregelungen.

Zwei Programme auf örtlicher Ebene, die bereits 1972 eingeführt wurden, sehen Sozialhilfen, Wohngeld und andere Angebote für Bedürftige vor. Dadurch konnte erreicht werden, daß die Zahl der Armen und Bedürftigen auf der Insel Taiwan von drei Prozent im Jahre 1972 auf 0,6 % im Jahre 1983 sank. Deshalb kann angenommen werden, daß heute auf Taiwan effektiv kaum noch Notleidende existieren. Verglichen mit hochentwickelten Staaten wie den Vereinigten Staaten oder der Bundesrepublik hat die Republik China in der sozialen Frage durchaus stolze Leistungen vorzuweisen.

In Ländern der Dritten Welt keineswegs selbstverständlich, sondern eher eine Ausnahme, ist die Errichtung von zahlreichen Sozialeinrichtungen mit fachlich ausgebildeten Sozialarbeitern. Dies ist auf Taiwan der Fall. Alleine als Beamte der Zentralregierung sind derzeit rund 2700 Sozialarbeiter beschäftigt, um die zahlreichen Maßnahmen in diesem Bereich durchzuführen und zu kontrollieren.

Bei der Beurteilung der sozialen Lage der Arbeitnehmer in einem modernen Staat ist die Sozialversicherung von entscheidender Bedeutung. Die Grundlage einer modernen Sozialversicherung wurde in China bereits 1940, mitten im japanisch-chinesischen Krieg, und noch auf dem Festland, gelegt. Aus den bekannten Gründen konnte auch dieses Vorhaben im damaligen China nicht realisiert werden. Erst auf Taiwan ging die Regierung daran, ein wirksames Sozialversicherungssystem aufzubauen.

Heute ist praktisch jeder Arbeiter auf Taiwan im Alter zwischen 14 und 60 Jahren sozialversichert. Dies betrifft Arbeitnehmer in allen Bereichen der Arbeitswelt, in der öffentlichen Verwaltung, in Fabriken, auf dem Lande, im Forstbereich, sogar in Mini-Betrieben, sofern diese mehr als fünf Mitarbeiter haben. Nach dem allgemeinen Arbeitsversicherungsgesetz sind die Arbeitnehmer beispielsweise auch bei Unfällen abgesichert. Seit 1979 werden vom Lohn oder Gehalt sieben Prozent abgezogen, von denen allerdings der Arbeitnehmer nur ein Fünftel selber bezahlen muß, der Löwenanteil, Vier-Fünftel oder 80 Prozent, werden vom Arbeitgeber an den Staat abgeführt.

Durch die Sozialversicherung werden bei Arbeitsunfähigkeit , Invalidität, Unfällen und Verletzungen, bei Frauen im Falle einer Schwangerschaft, die finanziellen Folgen abgesichert. Diese Gesetze begannen 1958 wirksam zu werden und sind seitdem ständig ausgeweitet und verbessert worden.

Von besonderem Interesse dürfte die Frage nach den Lebensbedingungen der Arbeiter sein. Denn nach kommunistischer Auffassung ist dieser Teil der Bevölkerung der besonderen „Ausbeutung“ durch „Kapitalisten“ unterworfen. Da ich persönlich in zahlreichen kommunistischen Staaten, von der DDR bis zur Volksrepublik China die maßlose Ausbeutung der Arbeitnehmer durch Partei und Staat selber intensiv miterleben konnte, ist diese Frage für Länder wie Taiwan besonders interessant. Auch hier konnte ich mir durch Besuche und Gespräche vor Ort ein sehr deutliches Bild machen. Fest steht, daß gerade die Arbeiter auf Taiwan, verglichen mit Nachbarstaaten (etwa den Philippinen), ein dichtes Netz von sozialen Maßnahmen und Einrichtungen vorfinden, um die sie von den Kollegen der Region sicherlich stark beneidet werden. Der Unterschied ist noch krasser, vergleicht man die Lage der Arbeiter auf Taiwan mit der ihrer Landsleute auf dem kommunistischen Festland. Auch hier ein Vergleich wie Tag und Nacht zwischen dem sozialistischen „Paradies", das eher einer Hölle gleicht, und der kaptalistischen „Ausbeutung", die im Vergleich zu den kommunistischen Verhältnissen wiederum geradezu wie ein Schlaraffenland wirkt.

Zwar sind Löhne und Gehälter auf Taiwan noch bedeutend niedriger als in westlichen Industrieländern, dennoch kann von einem Billigland schon lange nicht mehr die Rede sein. Trotzdem investieren viele Ausländer lieber auf Taiwan als in Billigländern wie Thailand oder auf den Philippinen: zwar sind die Löhne auf Taiwan höher, dafür aber sind Qualifikation, Fleiß und die Infrastruktur auf der Insel weitaus besser als in den zuvor genannten Staaten. Billig alleine genügt eben nicht mehr bei den ständig wachsenden Anforderungen einer modernen Wirtschaft und Industrie.

Auch im Bereich der Industrie wurde der Grundstein für die Verbesserung der Lebensbedingungen bereits 1943 auf dem Festland gelegt. Praktische Bedeutung haben die Grundgesetze für die Lebensbedingungen der Arbeiter jedoch erst nach der Etablierung der Republik China auf Taiwan erlangt. In Zusammenarbeit mit den Gewerkschaften wird von der Unternehmensleitung eine ganze Palette von kostenlosen Einrichtungen für die Mitarbeiter angeboten. Je nach Ertragslage des Unternehmens können dies Cafes und Kantinen, Friseurgeschäfte, Bibliotheken, Sportplätze, Ruheräume, Kindergärten und dergleichen mehr sein. Ein „Wohlfahrtskomitee" sowie eine „Wohlfahrtsstelle" verteilen außerdem Dienstleistungen und Waren aller Art an die in Frage kommenden Arbeiter.

Auf Empfehlung des chinesischen Innenministeriums erhalten viele einfache Arbeiter jährlich acht Stunden, Facharbeiter vier Stunden für die Weiterbildung. Diese

Weiterbildung betrifft vor allem die Stärkung des Teamgeistes und des Selbstbewußtseins. Diese eher moralische Aufmunterung wird auch seit 1973 vom Fernsehen durch entsprechende Sendungen unterstützt.

Häuslebauer gibt es nicht nur bei den Schwaben in Baden-Württemberg: auf Taiwan steigt die Zahl der Arbeiter, die sich ein eigenes Heim leisten. Denn für diese Zwecke gibt es inzwischen staatliche und private Förderprogramme. Alleine in den Jahren 1984–1985 konnten nach diesem Förderungsplan 10000 Häuser für Fabrikarbeiter errichtet werden. Manche Unternehmen gewähren außerdem ihren Mitarbeitern Baudarlehen zu zinsgünstigen Bedingungen.

Betriebsausflüge, ein breites kulturelles Angebot gehören heute ebenfalls zum Alltag der Fabrikarbeiter und der einfachen Angestellten auf Taiwan.

Besondere Förderung erhalten auf Taiwan ehemalige Soldaten. Dabei soll daran erinnert werden, daß der erfolgreiche Aufbau der Insel zu einem Modell und einer Musterprovinz ohne die aktive Mithilfe von einer halben Million Soldaten und Offiziere gar nicht möglich gewesen wäre.

Von besonderer Bedeutung ist die Entwicklung eines flächendeckenden Gesundheitswesens auf Taiwan. Im alten China konnte hiervon nicht die Rede sein. Bei der großen Armut der überwiegenden Mehrheit der Bevölkerung war der Besuch eines Arztes einfach finanziell nicht denkbar. Moderne Ärzte gab es ohnehin nur in den Städten.

Zunächst die rein quantitative Seite: 1954 gab es auf Taiwan auf einen Arzt rund 1500 Patienten, 1983 verringerte sich diese Zahl auf 1268 und in wenigen Jahren, 1993 ist das Verhältnis ein Arzt auf 1000 Patienten angepeilt. Letztere Zahl entspricht dem Verhältnis in vielen hochentwikkelten Staaten. Die Zahl der Krankenbetten hat sich enorm gesteigert: 1954 gab es auf 3000 Einwohner ein Krankenhausbett, 1983 lautete die Zahl nur noch 1324. Wurden 1954 nur drei Prozent des Staatshaushaltes für das Gesundheitswesen ausgegeben, so beträgt diese Zahl für 1983 5,33 Prozent.

Der Kalorienverbrauch der Bevölkerung stieg von 2100 Kalorien pro Kopf und Tag auf 2721 Kalorien im Jahre 1983. Manche Taiwanesen leiden heute bereits an Überernährung.

Summa summarum: die Lebenserwartung der Chinesen auf Taiwan ist heute eine der höchsten weltweit. 1983 betrug sie für Männer 69,8 und für Frauen 75,1 Jahre.

Zur allgemeinen Wohlfahrt gehört nach meinem Empfinden auch folgender Beschluß des Erziehungsministeriums vom 12. Januar 1987: demnach können Schüler der Realschulen und Gymnasien auf Taiwan ihre Frisuren selber bestimmen. Ferner können die Schulen des Landes das Aussehen der Schuluniformen selber gestalten. Bis zu jenem Tag, den die rund 1,8 Millionen betroffenen Schüler mit Jubel aufnahmen, galten strenge Vorschriften in Sachen Haarstil und einheitlicher Uniformen. Durch die Liberalsierung auch dieser einengenden Vorschrift wurde ein weiteres Indiz auf dem Wege zu einer echten Demokratie sichtbar vorgelegt: vor allem unter den Schülerinnen wird es alsbald einen „Wettbewerb" geben, wer die modernsten und schicksten Frisuren trägt, vielleicht sind aber auch die Herren der Schöpfung eitel genug, um sich nicht mehr mit dem Faconschnitt zu begnügen. Auch dies ist ein Stück Freiheit und somit Lebensqualität.

In diesem Zusammenhang möchte ich den Jahresbericht des amerikanischen Außenministeriums für das Jahr 1985 erwähnen, in dem auf entscheidende Verbesserungen der Menschenrechtssituation in der Republik China hingewiesen wurde. Der Jahresbericht 1986 lag bei der Abfassung dieses Buches noch nicht vor, dürfte aber gerade bei der Entwicklung jenes Jahres noch weitaus positiver ausfallen. Dieser Jahresbericht zeichnet sich im übrigen durch hohe Objektivität und Genauigkeit aus und ist für alle, die sich mit der Frage der Menschenrechte in aller Welt befassen, eine wichtige Informationsquelle.

Im Jahresbericht wird darauf hingewiesen, daß auf Taiwan im Jahre 1985, verglichen mit 1984, entscheidende

Forschritte in Fragen der Bildung, Gesundheit, Ernährung und Einkommen erzielt wurden, all dies wichtige materielle und geistige Grundlagen der Menschenrechte. Im einzelnen wurde in dem Dokument als positive Errungenschaften Taiwans genannt:

- mehr als 30 Prozent des Staatshaushaltes wurden für Bildung, Gesundheit, kulturelle und wissenschaftliche Zwecke zur Verfügung gestellt;
- 91,2 Prozent der Bevölkerung über sechs Jahre können lesen und schreiben, eine Steigerung von 0,8 Prozent gegenüber 1984;
- der Kalorienverbrauch pro Kopf der Bevölkerung stieg 1985 auf 2818 gegenüber 2740 im Vorjahr, er ist damit der höchste in Asien;
- die Sterblichkeitsrate bei Säuglingen sank 1985 auf 19,9 bei 1000 Geburten, 1984 betrug die Zahl 20,3.

Lediglich im Bereich der Arbeitslosigkeit stellte der Bericht im August 1985 eine Steigerung der Erwerbslosenquote von 2,4 Prozent 1984 auf 4,1 Prozent fest.

Positiv hervorgehoben wurde die Erweiterung der Rechte der Arbeiter durch das Arbeitsgesetz aus dem Jahre 1984. Betroffen von dem besseren Schutz ihrer Rechte sind durch dieses Gesetz immerhin vier Millionen von den 7,5 Millionen Arbeitern, heißt es in dem Bericht. Gelobt werden die besseren Schutzbestimmungen für arbeitende Frauen und deren Kinder.

Neben den sozialen Fortschritten, die zweifellos ein sehr wichtiger Bestandteil der Menschenrechte sind, stellte der Bericht weiter fest: „Es gibt keinerlei Berichte über irgendwelche Morde aus politischen Gründen in Taiwan im Jahre 1985. Es gibt in den letzten Jahren auch keine substantiellen Berichte über Personen, die heimlich von den Sicherheitsbehörden entführt oder verhaftet wurden."

Die US-Regierung beurteilte auch die Wahlen vom 16. November 1985 für die Provinz- und Regionalparlamente als „fair", so der Bericht weiter.

Obwohl damals (1985) neue politische Parteien noch

nicht gestattet waren, ist der Einfluß der „Tangwai"-Opposition stärker als allgemein angenommen. Mitglieder dieser Opposition nutzen häufig die Sitzungen der Volksvertretungen um umstrittene oder sensitive Themen anzusprechen, so der Washingtoner Bericht weiter. Gleichzeitig lobte das Stale Department die Aktitvitäten der regierungsunabhängigen „Chinesischen Menschenrechtsvereinigung". Diese Organisation ist sehr aktiv bei der Förderung der Menschenrechte auf der Insel. Sie empfiehlt der Regierung immer wieder, alle politischen Gefangenen, die zum Teil schon viele Jahre im Militärgefängnis einsitzen, freizulassen.

Sofern dies noch nicht geschehen ist, bin ich überzeugt, daß die Regierung im Zuge der Liberalisierung und Demokratisierung, der Aufhebung des Kriegsrechts und des Ausnahmezustandes, diese Forderung bald erfüllen wird. Denn nach dem neuesten Sicherheitsgesetz, das die alten strengen Bestimmungen ablöst, dürfen Militärgerichte keine Zivilsachen mehr behandeln. Dazu zählen auch Streiks und Demonstrationen, die unter dem Kriegsrecht in die Zuständigkeit der Militärjustiz geraten waren.

Insofern kann gerade im wichtigen Bereich der Menschenrechte in der Republik China mit Zuversicht in die Zukunft geschaut werden. Sun Yat-sens Idee von der Demokratie chinesischer und westlicher Prägung wird heute auf Taiwan immer mehr zur Alltagsrealität.

Wende in den innerchinesischen Beziehungen?

Eine merkwürdige Flugzeugentführung machte im Mai 1986 Schlagzeilen: ein Pilot der taiwanesischen China Airlines flog mit einem Fracht-Jumbo nach Kanton ins kommunistische China. Normalerweise fliehen kommunistische Piloten nach Taiwan, wo sie mit Gold, Ehrungen und Beförderungen für die kühne Flucht aus dem kommunistischen Festland fürstlich belohnt werden. Diesmal bestätigte die Ausnahme die Regel: mehr aus persönlichen Motiven – der Pilot wollte seinen betagten Vater sehen, außerdem war er über die fehlende Beförderung auf Taiwan verärgert – ging diesmal die Entführung aus einem vergleichsweise freien Land in eine rote Diktatur.

Die Schlagzeilen betrafen jedoch nicht in erster Linie die an sich schon sensationelle Entführung, sondern deren Folgen. Nach langem Hickhack – zuerst sollte eine „neutrale" Fluggesellschaft mit Sitz in Hongkong die Verhandlungen im Namen der taiwanesischen CAL mit den Rotchinesen führen – kam es zu den ersten direkten Kontakten zwischen den verfeindeten Chinas. Vertreter der CAL aus Taipei sprachen mit ihren Kollegen der staatlichen Fluggesellschaft der Volksrepublik China. Und: sie einigten sich sogar über die Modalitäten der Rückführung der Maschine, die Taiwans Fluggesellschaft gehörte. Die Besatzungsmitglieder durften die Volksrepublik verlassen, der Pilot konnte aufgrund seines Wunsches hingegen in Rotchina bleiben.

Die bisherige Haltung Taiwans war und bleibt: keinerlei offiziellen Kontakte mit Peking, solange das dortige Regime den Kommunismus nicht aufgegeben habe und zu den Drei

Prinzipien des Volkes zurückgekehrt sei. Dieser erste Kontakt war die berühmte „eine Schwalbe, die noch keinen Sommer macht“, aber immerhin war sie die erste Schwalbe!

Die Regierung auf Taiwan ließ mehrmals erklären, daß dieser erste amtliche Kontakt zwischen den chinesischen verfeindeten Brüdern ein einmaliger, aufgrund humanitärer Gesichtspunkte erfolgter Schritt sei, der sich nicht wiederholen werde und einen Ausnahmecharakter trage.

Einige Journalisten sind sehr eilig, wenn es um Sensationen geht. Sie sprechen schnell von einer „Wende“ in den erstarrten innerchinesischen Beziehungen, besser „Nichtbeziehungen“, und spekulieren weidlich über die Möglichkeiten solcher Kontakte zwischen Peking und Taipei.

Ich möchte nicht so weit gehen. Dennoch gibt es in der Tat gewisse Veränderungen, die ich aufgrund mehrerer Reisen auf Taiwan, in Gesprächen mit hohen und mittleren Beamten des Inselstaates und natürlich auch mit allen Schichten der Bevölkerung feststellen konnte. Die Zeit heilt auch hier die alten Wunden. In beiden Chinas wächst eine neue Generation heran, die miteinander keinen Bürgerkrieg geführt hat und deshalb auch nicht von persönlichen Emotionen gegenüber Chinas Kommunisten geprägt ist wie bei der alten Generation der 70- oder gar 80jährigen.

Taiwan geriet durch die weltweite Anerkennung Pekings seit Anfang der 70er Jahre in eine zunehmende diplomatische Isolierung, die neben politischen auch wirtschaftliche und kulturelle Nachteile mit sich bringt, wie bereits an einigen Beispielen erläutert. Insofern beginnt auch auf Taipei das noch als „privat“ deklarierte Nachdenken darüber, wie man diese unerfreuliche Lage lösen könne.

Mein Reisebegleiter auf Taiwan, Manfred Peng, Mitarbeiter des Regierungsinformationsamtes, hat in verdienstvoller Fleißarbeit zusammengetragen, wie sich nach der Spaltung Chinas im Jahre 1949 die innerchinesischen Beziehungen entwickelt, bzw. nicht entwickelt haben. Gleichzeitig hat er auch die neuesten „Modelle“ aufgeführt, die derzeit zu dieser Frage diskutiert werden. Neben anderen Quellen und eigenen Informationen ist diese Zusammenstellung besonders wertvoll.

Im Oktober 1949 versuchten 30 000 Mao-Soldaten die Insel Quemoy unmittelbar vor der Küste Festlandchinas gewaltsam zu erobern. Sie wurden jedoch von Chiangs Soldaten vernichtend geschlagen, bis heute ist Quemoy ein Vorposten des freien Chinas geblieben.

Die chinesischen Kommunisten haben dann 1954/55 erneut versucht, auf Quemoy zu landen. Gleichzeitig geriet die kleine Insel unter schwere Bombardements der Kommunisten. Nach dieser ersten Krise in der Taiwan-Straße wurde zwischen der Republik China und den Vereinigten Staaten ein bilaterales Beistandsabkommen abgeschlossen, das von 1954 bis 1980 die Garantie für die Sicherheit Taiwans darstellte. 1980 wurde dieser Vertrag gekündigt, da ein Jahr zuvor die Regierung Jimmy Caters mit Peking volle diplomatische Beziehungen aufnahm und diese zu Taiwan abbrach. Ein „Taiwan Relations Act“ ersetzte dann diesen Schutz für die kleine Insel.

Mit Billigung der Sowjetunion, die damals mit Peking noch beste Beziehungen unterhielt, begann die „Volksbefreiungsarmee“ der Volksrepublik China 1958 ein Bombardement Quemoys, das zehn Monate dauerte. Offen wurde in Peking davon gesprochen, man wolle „Taiwan im Blutbad ertränken“. Die USA lieferten Nationalchina entsprechende amphibische Fahrzeuge, um die rotchinesiche Blokkade um Quemoy zu durchbrechen. Zwar wurde das große Bombardement nach zehn Monaten beendet, bis 1979 (als Washington Peking offiziell anerkannte), wurde jeden zweiten Tag geschossen, und zwar in beide Richtungen. Die innerchinesischen Beziehungen von damals bestanden eigentlich nur aus diesen gegenseitigen Bombardements. Bis zum heutigen Tage gibt es weder Post- noch Verkehrsverbindungen zwischen beiden Chinas, es gibt bis auf die bereits erwähnten Handelsbeziehungen über Drittländer oder Auslandschinesen auch keinerlei Kontakte, mit Ausnahme jener einmalig gebliebenen Verhandlungen über die Rückgabe des entführten Transportflugzeuges.

Da Peking aufgrund des amerikanischen Schutzes gegenüber Taiwan die Insel militärisch ohne großes Risiko nicht erobern konnte, versuchte Peking auf der internationalen Ebene Taiwan, mit Erfolg, zu isolieren. Die politischen Offensiven Pekings kann man in drei Bestandteile aufteilen:

Die erste Komponente wurde bereits behandelt: Peking gelang es, Taiwan weitestgehend politisch zu isolieren. Dennoch ist diese Blockade nicht völlig gelungen: die Republik China auf Taiwan unterhält mit 22 Staaten noch volle diplomatische Beziehungen, ferner hat sie inoffiziell (wirtschaftliche, kulturelle oder sportliche) Kontakte mit immerhin 140 Staaten.

Als halbstaatlich können die umfangreichen Beziehungen zu den USA und Japan betrachtet werden. Obwohl die diplomatischen Beziehungen zu beiden Ländern bereits seit geraumer Zeit abgebrochen wurden, sind schon aufgrund der sehr starken wirtschaftlichen Beziehungen Taipeis zu Washington und Tokio Vertreter dieser Länder unter nichtoffiziellen Bezeichnungen tätig.

Interessanterweise gelang es der Regierung auf Taiwan Anfang 1987, die Unterstützung der USA in einem wesentlichen Punkt der innerchinesischen Beziehungen zu bekommen: als der inzwischen gestürzte Parteichef Rotchinas Hu Yao-bang Ende 1986 die USA besuchen wollte, stellte er den Amerikanern Bedingungen. Aufgrund des großen Einflusses der USA in Taiwan möge Washington die Nationalregierung in Taipei veranlassen, die „Drei Verbindungen“ zu Peking zu akzeptieren: Transport, Post und Handel.

Die USA lehnten diese höchst ungewöhnliche Forderung ab und Hu fuhr nicht in die USA – inzwischen wurde ja Dengs Vertrauter Hu in Zusammenhang mit den Studentendemonstrationen in ganz Rotchina seines Postens enthoben.

Kein Geringerer als US-Vizepräsident George Bush versicherte Mitte Januar 1987 in einem Gespräch mit Journalisten aus Taiwan, die USA seien nicht bereit, bei Besuchen von Funktionären aus der Volksrepublik China irgendwelche Konditionen im Hinblick auf Taiwan zu akzeptieren. Er betonte in diesem ersten Gespräch mit Zeitungsleuten aus Nationalchina – auch dies nicht uninteressant –, die USA würden sich nicht in die inneren Angelegenheiten Chinas einmischen und legten Wert auf gute Beziehungen mit „beiden Seiten der Taiwan-Straße".

Gleichzeitig betonte Bush, obwohl die inneren Angelegenheiten Chinas nicht Sache der USA seien, so sei seine Regierung dennoch interessiert an der „Entwicklung demokratischer Ideale bei irgendeiner Nation".

Große Aufregung in Peking hat der dreitägige Besuch des philippinischen Vizepräsidenten Salvador Laurel auf Taiwan im Januar 1987 verursacht: seit 1975 hat Manila nur Beziehungen zu Peking. Bei seiner Rückreise nach Manila am 12. Januar 1987 berichteten Zeitungen in Taipei, Laurel habe über einen 100-Millionen-Dollar-Kredit in Taipei verhandelt. Dieses Geld sollte für den Ankauf von hydraulischen Geräten und die Entwicklung landwirtschaftlicher Projekte benutzt werden. Obwohl Laurels Besuch als „privat" gekennzeichnet wurde, traf der 2. Mann der Philippinen mit Vizepräsident Li Teng-hui, Premier Yu Kuo-hua, Außenminister Chu Fu-sung sowie dem Generalsekretär der Kuomintang Mah Soo-lay zusammen. Die Gastgeber wußten natürlich, wer da „privat" zu Besuch kam.

Der erste Sekretär der Botschaft der Volksrepublik China in Manila, Liu Hsin-sheng, erklärte, dieser Besuch Laurels nach Taiwan sei ein „Bruch" der Vereinbarung von 1975, in der auch die Philippinen die Ein-China-Theorie akzeptierte, wonach nur Peking ganz China vertrete.

Insofern muß hier von einer Pechsträhne für Peking gleich zu Anfang des Jahres 1987 gesprochen werden. Offenbar hat die neue Regierung in Manila unter Frau Corazon Aquino erkannt, daß aus Rotchina nicht viel Hilfe zu holen ist, um die von Marcos ruinierte Wirtschaft des

Landes wieder aufzubauen. Gerüchte besagen außerdem, daß Frau Marcos chinesischer Abstammung ist.

Eine wirksame „Wunderwaffe“ Taiwans (so Manfred Peng vom Informationsamt der Regierung) ist in der Tat die starke Wirtschaft des Landes, die wir bereits detailliert behandelt haben, auch im Bereich der Außenpolitik.

Die von Ausländern häufig kritisierte angebliche „Starrsinnigkeit“ der Regierung in Taipei in ihrer Politik gegenüber Peking ist nur bei oberflächlicher Betrachtung richtig. Denn seit einigen Jahren ist eine vorsichtige Nuancierung dieser Haltung erkennbar.

1980 beispielsweise akzeptierte die Republik China auf Taiwan, wenn auch nur widerwillig und zähneknirschend, eine Kompromißlösung im internationalen Sport. Die IOC-Formel wurde nunmehr anerkannt, die besagt, daß Peking den Namen „Olympisches Komitee China“ und Taiwan als „Chinesisches Olympisches Komitee in Taipei“ weiter im Internationalen Olympischen Komitee IOC bleiben dürfe. Diese Formel ist inzwischen auch von zahlreichen anderen Organisationen übernommen und von Taiwan zumindest geduldet worden. Dadurch bleibt die Republik China auf der internationalen Bühne präsent und dies bei gleichzeitiger Teilnahme von Landsleuten und Delegationen aus der Volksrepublik China.

Interessant ist in diesem Zusammenhang, daß 1979 Taipei den Handel mit fünf Ostblockstaaten erlaubte: der DDR, der CSSR, Jugoslawien, Ungarn und Polen. Hier sind bekanntlich auch die Rotchinesen diplomatisch präsent.

Die zweite Säule der Pekinger Taiwan-Politik besteht in dem Versuch, sich als friedliebend und verhandlungsbereit hinzustellen. Die bis Ende der 70er Jahre herausgegebene Devise „Taiwan befreien“ wurde durch taktische Manöver ersetzt, die nach dem Tode Maos im Jahre 1976 begannen:

- 1978 wurde die Parole herausgegeben, die Volksrepublik China sei bereit, Post-, Handels- sowie Verkehrsverbindungen auszutauschen

- 1981 wurde folgender Vorschlag aus Peking der Weltöffentlichkeit kundgetan:
  „Taiwan wird nach einer Wiedervereinigung weitgehende Autonomie, d.h. die Beibehaltung des sozialen und wirtschaftlichen Systems, sowie die eigenen Beziehungen zum Ausland, zugesichert. Die Kuomintang-Führung darf ihre Herrschaft über die Insel garantiert fortsetzen, außerdem wird ihr eine Beteiligung an der Zentralregierung in Peking angeboten. Die Provinz Taiwan darf weiterhin eigene Streitkräfte unterhalten."
- 1983 schließlich lautete der nächste Vorstoß aus Peking wie folgt:
  „Die Taiwan-Frage wird nur durch das Konzept ‚Ein Land – zwei Systeme' gelöst. Nach der Wiedervereinigung kann Taiwan weiterhin den Kapitalismus praktizieren, während das Festland den Sozialismus beibehält."

Mit diesem neuesten Vorschlag will Peking das sogenannte Hongkong-Modell auch für Taiwan praktizieren. Das Hongkong-Modell sieht bekanntlich vor, daß die ehemalige britische Kronkolonie 1997, nach Ablauf des 99jährigen Pachtvertrages mit Großbritannien, an die Volksrepublik China übergeben wird. Wahrscheinlich um eine Massenflucht aus Hongkong zu verhindern – immerhin kommt etwa die Hälfte der 5,5 Millionen Einwohner dieser Stadt als Flüchtlinge aus Rotchina – sowie das Gewissen der Weltöffentlichkeit zu beruhigen, wurde zugesichert, daß das „kapitalistische Wirtschaftssystem" für 50 Jahre garantiert werde. Auch die 1982 neukonzipierte Verfassung der Volksrepublik China sieht die Bildung von „autonomen" Gebieten vor, wobei die Kommunisten an Hongkong und Taiwan gedacht haben.

Es ist verständlich, daß Taiwan das Hongkonger Abkommen zwischen Peking und London strikt ablehnt. Nicht nur, daß erstmalig in der modernen Geschichte fünfeinhalb Millionen Menschen in Freiheit einem kommunistischen Regime ausgeliefert werden, Hongkongs Schicksal soll ja, wenn es nach dem Willen der chinesischen Kommunisten ginge, später auch von den 20 Millionen freien Bürgern auf Taiwan geteilt werden.

Wegen der Bedeutung der Hongkong-Frage für Taiwan möchte ich den vollen Wortlaut einer entsprechenden Stellungnahme von Ministerpräsident Yu Kuo-hwa aus dem Jahre 1984 wiedergeben:

Vom Tag ihrer Gründung an hat sich die Republik China der Abschaffung einseitiger Verträge, die China betreffen, verschrieben und sich zur Aufgabe gemacht, einen Staat durch das Volk und für das Volk zu schaffen.

Hongkong und Kowloon sind chinesisches Territorium und die Souveränitärsrechte sollten deshalb an die Republik China zurückgegeben werden. Die britische Regierung hat jedoch die Unverschämtheit besessen, mit den chinesischen Kommunisten über das sogenannte „Hongkong-Problem" ein Abkommen zu schließen, das den Willen und die Wünsche von 5,5 Millionen freier Bürger in Hongkong und Kowloon völlig ignoriert und sie zwingen wird, unter einem Sklavensystem kommunistischer Prägung zu leben. Dies ist nicht nur eine schmachvolle Episode in der Menschheitsgeschichte, sondern eine ernsthafte Beleidigung aller Friedenssucher und Demokraten in der Welt. Deshalb können die Regierung und das Volk der Republik China dieses „Abkommen" nicht anerkennen.

Um ihr Ziel, sich Hongkong einzuverleiben, zu erreichen, haben die chinesischen Kommunisten – die den Widerstand der Chinesen in Hongkong und Kowloon, die Freiheit und Demokratie verlangen, fürchten – sogar die Illusion „ein Land, zwei Systeme" herbeigezaubert und „versprochen", daß das augenblickliche Hongkonger System für 50 Jahre unverändert bleiben solle. Dies wurde lediglich getan, um die Weltöffentlichkeit zu verwirren und die Bevölkerung von Hongkong und Kowloon zu täuschen. Es ist kein Geheimnis, daß sich die Kommunisten in ihrer Geschichte noch nie an irgendeinen Vertrag gehalten haben, wenn es ihnen nicht mehr opportun erschien. Gleichgültig welche Illusion die chinesischen Kommunisten heute zu erwecken versuchen, ihre

Politik, wie sie in ihren „vier Prinzipien" dargelegt ist, ist eine klare Illustration der Tatsache, daß sich die totalitäre Natur des Kommunismus nie ändern wird. Die Freiheit kann nicht gefälscht werden, weder kann man sie teilen, noch einzäunen. Was das gesamte chinesische Volk sucht, ist ein immer währender und voll realisierter Status von Freiheit und Demokratie. Wir glauben, daß die Menschen in Hongkong und Kowloon, die Frieden und Demokratie kennen, niemals das kommunistische Joch der Unterdrückung und Täuschung ertragen werden.

Hongkong und Kowloon werden tragischerweise in eine Ära der Dunkelheit gestoßen. Die Regierung und das Volk der Republik China übermitteln ihre tiefe Anteilnahme an die Bewohner dieser chinesischen Gebiete. Im Namen der Regierung und des Volkes der Republik China erkläre ich, dafür zu sorgen, daß folgende Punkte zur Hilfe für unsere Landsleute in Hongkong und Kowloon durchgeführt werden:

1. *Wir werden weiterhin die rotchinesische Verschwörung, die sich gegen Hongkong und Kowloon richtet, aufdekken und ihre scheinheiligen und hinterhältigen Absichten in Bezug auf die Bewohner Hongkongs und Kowloons entlarven. Wir werden sowohl unseren Landsleuten in Hongkong und Kowloon als auch der übrigen Welt klarmachen, daß jedes Versprechen, das die chinesischen Kommunisten geben, hohl ist und einer ständigen Praxis von Betrug und Heuchlerei entspringen.*
2. *Wir werden weiterhin die öffentliche Meinung in der Welt aufrütteln, um die Freiheit und den Wohlstand Hongkongs sichern zu helfen und unsere Landsleute bei ihrem Begehren nach Freiheit und Demokratie und ihrer Zurückweisung der kommunistischen Herrschaft zu unterstützen.*

   Wir werden ferner die Nationen und Menschen der freien Welt aufrufen, die Frage der Zukunft Hongkongs und Kowloons ernstzunehmen und sie auffordern, für die Durchsetzung des internationalen Rechts zu sorgen und den Bewohnern von Hongkong und Kowloon aktive Unterstützung zu gewähren.

3. *Wir fordern die chinesischen Bewohner Hongkongs und Kowloons auf, ihren Kampf gegen den Kommunismus und für die Freiheit entschieden zu verfolgen. Wir werden diesen Kampf mit den verschiedensten Methoden und durch die verschiedensten Kanäle aktiv unterstützen.*
4. *Wir hoffen, daß die chinesischen Bewohner von Hongkong und Kowloon in Solidarität zusammenarbeiten werden und sich an so vielen Wahlen wie möglich beteiligen, um ihre Stärke zu zeigen und so den rotchinesischen Absichten, die Kontrolle über dieses Gebiet zu übernehmen, einen Schlag versetzen und Freiheit und Demokratie schützen und sichern.*
5. *Die Kommission für Auslandschinesische Angelegenheiten der Republik China hat ein Sonderbüro eingerichtet, das Informationen und Hilfe all jenen Chinesen in Hongkong und Kowloon bietet, die den Wunsch haben, nach Taiwan zu kommen.*
6. *Chinesische Einwohner in Hongkong und Kowloon können in Kürze ein Mehrfach-Einreisevisum nach Taiwan beantragen.*
7. *Für die überzeugten antikommunistischen chinesischen Bewohner Hongkongs und Kowloons werden wir Vereinbarungen treffen, so daß sie jederzeit hierher kommen können.*
8. *Für patriotische Chinesen in Hongkong und Kowloon, die den Wunsch haben, sich auf Taiwan niederzulassen, werden wir den Weg so gut es geht ebnen und werden ihnen bei der Darlehensbeschaffung für den Kauf von Wohnungen behilflich sein.*
9. *All jene Chinesen aus Hongkong und Kowloon, die hier investieren und Geschäfte tätigen wollen, werden mit Vorrang behandelt werden. Es wird ihnen jegliche Hilfe und Unterstützung gewährt werden.*
10. *Wenn die chinesischen Einwohner Hongkongs und Kowloons ihre Spareinlagen nach Taiwan transferieren*

wollen, werden unsere Banken ihnen die nötigen Dienste zur Verfügung stellen, so daß die Überweisungen reibungslos vor sich gehen können.

11. *All jene Hongkong-Kowloon Chinesen, die ihre Kinder auf Taiwan in die Schule schicken möchten, werden wir vorrangig behandeln und ihnen Hilfe, Betreuung und die nötigen Vorkehrungen zukommen lassen.*

Zum Schluß möchte ich unseren Landsleuten in Hongkong und Kowloon noch folgendes erklären: obwohl es Nacht wird, ein neuer Morgen kommt mit Sicherheit. Wenn Sie Ihre Wachsamkeit gegenüber den rotchinesischen Täuschungen verstärken, sich solidarisch zusammenschließen und im Einklang mit uns hier auf Taiwan handeln, so wird Hongkong und Kowloon eines Tages ganz sicher mit der Republik China vereint sein.

Soweit Premier Yu Kuo-hwa.

Das „Hongkong-Modell" ruft sowohl bei der Regierung auf Taiwan als auch bei großen Teilen der chinesischen Bevölkerung von Hongkong Besorgnis und Skepsis hervor.

Denn kurz nach der kommunistischen Machtergreifung auf dem Festland im Jahre 1949 hat die Regierung Mao Tse-tungs den Privatunternehmern versichert, daß das kapitalistische System der großen Unternehmer in Schanghai beibehalten werden könne. Aber bereits vier Jahre nach dieser Zusicherung, 1953, brach die KP Chinas ihr Wort und beschlagnahmte die meisten Industrie- und Handelsunternehmen. Die einst wohlhabenden Unternehmer Schanghais wurden über Nacht bettelarm. Viele von ihnen flohen im übrigen nach Hongkong, schufen dort, häufig vom Nullpunkt beginnend, das Wirtschaftswunder von Hongkong. Es ist nicht verwunderlich, daß diese „gebrannten Kinder" heute schon beginnen, ihr Kapital woanders anzulegen und auf gepackten Koffern sitzen, obwohl noch zehn Jahre bis zum Tage X, 1997, bleiben. Genauso wäre die Stimmung in West-Berlin, wenn mit der DDR vereinbart würde, die Stadt solle unter Beibehaltung des Systems der freien Marktwirtschaft in zehn Jahren mit Ost-Berlin „wiedervereinigt" werden...

Ein weiterer Grund für die Skepsis hinsichtlich des Hongkong-Modells liegt im Verhalten der chinesischen Kommunisten in Tibet. 1950 sicherte Peking den Tibetanern die Autonomie zu. Auch sollte das politische und religiöse System in Tibet nicht angetastet werden. Diese Garantie dauerte auch nur wenige Jahre. 1959 wurde Tibet von kommunistischen Soldaten „befreit". Der Dalai Lhama wurde ins Exil getrieben, er ist bis heute, trotz Lockrufen aus Peking, nicht in seine Heimat zurückgekehrt. Kommunistische Statthalter haben aus Tibet ebenfalls eine wehrlose Kolonie Pekings gemacht, Hunderttausende von Tibetern flüchteten nach Indien und von dort in alle Welt.

Zu diesen relativ neuen Erfahrungen kommen die bereits behandelten hinzu: die „Zusammenarbeit" von Kuomintang und Kommunistischer Partei während des Zweiten Weltkriegs.

Bei der Bewertung der Avancen Pekings gegenüber Taiwan darf nicht übersehen werden, daß im Gegensatz etwa zum geteilten Deutschland oder Korea hier sich zwei ungleiche Partner gegenüberstehen würden: das kommunistische China ist 250× größer als Taiwan, bevölkerungsmäßig kommen auf einen Chinesen auf Taiwan 50 Festlandchinesen.

Allerdings ist der Lebensstandard auf Taiwan wiederum soviel höher als auf dem Festland, wie bereits erwähnt, daß auch diese Kluft erst einigermaßen überwunden werden muß, ehe ernsthaft an eine Wiedervereinigung gedacht werden kann. 1982 erklärte der damalige Premier der Republik China, Sun Yun-suan, der mich in Taipei zu einem Gespräch empfing: „Wenn sich die politische, ökonomische, soziale und kulturelle Kluft zwischen den beiden Seiten der Taiwan-Straße weiter verringert, werden sich die Bedingungen für eine Wiedervereinigung allmählich entwickeln."

Neben den genannten Unterschieden darf das militärische Übergewicht der Volksrepublik China nicht außer Acht gelassen werden. Peking verfügt über zwölf Mal soviel

Kampfflugzeuge wie Taiwan! Rotchina hat 196 Luftstützpunkte, von denen sieben nur 250 Seemeilen entfernt von Taiwan liegen. Diese Luftbasen in den südöstlichen Küstenprovinzen der Volksrepublik beherbergen 1200 Düsenjäger, die in wenigen Minuten Taipei anfliegen können.

Zwar scheint derzeit keine akute Gefahr aus der Volksrepublik für Taiwan zu bestehen, dennoch hat die Führung in Peking Gewalt nie ausgeschlossen. Immerhin hat die Volksrepublik China in neuester Zeit mehrmals Kriege mit Nachbarn vom Zaun gebrochen: zuletzt gegen Vietnam, wo es Ende 1986 Anfang 87 erneut zu massiven Auseinandersetzungen militärischer Art gegeben hat, nachdem Peking 1979 Vietnam eine militärische „Lektion“ erteilen wollte.

Wegen der Festgefahrenheit in den innerchinesischen Beziehungen werden gegenwärtig in Taipei, nicht zuletzt in akademischen Führungskreisen, mehrere Möglichkeiten diskutiert, wie man aus dem Dilemma herauskommen könne. Hier nur einige Beispiele der gängigsten Thesen:

Quemoy: eine Festung gegen das kommunistische China

Ein Soldat auf Quemoy, nur wenige Kilometer vom Festland entfernt

Deutschland- oder Singapur-Modell?

Das Verhältnis zwischen der Bundesrepublik Deutschland und der DDR nach dem Grundlagenvertrag von 1972 hat sowohl im geteilten Korea als auch in China viel Beachtung gefunden. 1976 wurde von Prof. Chiu Hung-dah, einem chinesischstämmigen Professor der Universität Maryland in den USA, die „Deutschland-Formel" als Lösung des China-Problems in die Diskussion gebracht. Im Einzelnen schlug Professor Chiu vor:

- beide Chinas verzichten auf ihren Alleinvertretungsanspruch
- beide Chinas erkennen sich de facto an, beide Chinas entsenden offizielle Vertreter in den anderen Staat
- beide Chinas halten jedoch am Endziel einer Wiedervereinigung fest
- andere Staaten sollen nunmehr mit beiden Chinas diplomatische Beziehungen unterhalten, beide Chinas werden Mitglied in der UNO und anderen internationalen Organisationen

Der ebenfalls chinesischstämmige Professor Chang Hsuichen der Universität von Pennsylvania in den USA (in Amerika gibt es sehr viele prominente Wissenschaftler chinesischer Abstammung) wiederum entwickelte das „Singapur-Modell". Zur Erinnerung: der heutige Stadtstaat in Südostasien ist eigentlich auch ein chinesischer Staat, denn 80 Prozent seiner Einwohner einschließlich des Ministerpräsidenten Lee Kuan-yew sind ethnisch gesehen echte Chinesen. Singapur wurde 1963 Mitglied der Malayischen Föderation. Zur großen Erleichterung der Malayen, die erhebliche Probleme mit den 40 % Chinesen in ihrem

Lande haben, machte sich Singapur 1965 selbständig. Sonst könnte aus der chinesischen Minderheit in Malaysia bald eine Mehrheit werden!

Die Singapur-Formel sieht u.a. vor:

- Taiwan verzichtet auf den Alleinvertretungsanspruch für ganz China
- Taipei erklärt, daß es *unabhängig vom übrigen China* sei und somit wieder mit anderen Staaten offizielle Beziehungen unterhalten könne

Sowohl die Deutschland- als auch die Singapur-Formel werden von beiden Chinas aus den bereits genannten Gründen abgelehnt.

Der Parlamentsabgeordnete Fei Hsi-ping wiederum entwickelte die Idee von einem „Chinesischen Commonwealth": alle Länder mit chinesischer Bevölkerung sollten sich in einer losen Gemeinschaft, ähnlich wie im British Commonwealth of Nations, zusammentun. Dieses „Großchinesische Reich" würde neben den beiden chinesischen Staaten mit Sitz in Peking und Taiwan auch noch umfassen: Hongkong, Singapur und Nordborneo (ein Teil Malaysias!). Diese Gemeinschaft wiederum soll eine Art „Wiedervereinigung" aller chinesischen Staaten und Regionen symbolisieren, sozusagen eine „großchinesische Lösung". Die Souveränität der Mitgliedsländer wäre in jedem Fall gewährleistet. Diese Idee erinnert sogar etwas an eine deutsche Konföderation, wie sie in den 60er Jahren von Partei- und Staatschef Walter Ulbricht (DDR) in die Diskussion gebracht wurde.

Auf besonders lebhaftes Interesse stoßen die Ideen des Regierungsmitglieds der Republik China auf Taipei, Dr. Wei Yung, mit dem zu sprechen ich 1986 ebenfalls die Ehre und das Vergnügen hatte. Wei Yung, der seine Gedanken erstmalig 1980 auf einer internationalen Konferenz in Südkorea darlegte, versucht den Begriff eines geteilten Landes neu zu definieren: ein geteiltes Land sei „durch Bürgerkriege oder internationale Konferenzen in mehrere Gewaltsysteme geteilte Staaten in einer Nation" entstanden.

Eine solche Nation mit „Multisystemen" habe eine „unabhängige souveräne Selbstverwaltung" und konkurriere aufgrund der ideologischen und politischen Unterschiede „friedlich mit dem anderen Staat". Auch Wei Yung plädiert, daß beide Teile des gespaltenen Landes auf einen Alleinvertretungsanspruch verzichten, wobei jedoch beide Seiten betonen sollten, daß die Teilung nicht von Dauer sein dürfe und nur eine „Übergangsphase" sein solle. Dieser Vorschlag ist insofern von besonderem Gewicht, weil er von einem der höchsten Beamten Taipeis ausgearbeitet wurde.

Zunächst wurde Wei Yungs Konzept von Pragmatikern in Taipei und im Ausland begrüßt. Kurz danach stieß Deng Xiao-ping, Rotchinas starker Mann, ins selbe Horn: er schlug das Modell „Ein Land, zwei Systeme", wie dies im Falle Hongkongs praktiziert werden soll, vor. Daraufhin ging die Regierung in Taipei, deren Mitglied Wei Yung nach wie vor ist, auf deutliche Distanz zu dieser Idee, schon um Verwirrung in den eigenen Reihen zu vermeiden. Denn oberflächlich betrachtet sehen beide Modelle sich sehr ähnlich. Bei näherer Betrachtung gibt es jedoch grundsätzliche Unterschiede zwischen Wei Yungs und Dengs Vorstellungen:

Wei Yungs These geht davon aus, daß die Republik China auf Taiwan *vor* der endgültigen Wiedervereinigung ein voller souveräner Staat ist. Deng Xiao-ping wiederum betrachtet Taiwan *bereits jetzt* als Bestandteil der Volksrepublik China, ohne das Recht, außenpolitisch selbst tätig zu werden. Die Taiwan-Frage ist nach Auffassung Pekings eine reine innere Angelegenheit Chinas, in die sich kein ausländischer Staat einmischen dürfe.

Langfristig oder sogar schon mittelfristig gesehen, dürfte der Vorschlag von Wei Yung in Taipei akzeptiert werden müssen. Denn der Alleinvertretungsanspruch hat bisher nur der Volksrepublik China genutzt und Taiwan in eine schwierige internationale Isolierung gebracht. Nicht zuletzt die öffentliche Meinung auf Taiwan, darunter auch der exportorientierten Wirtschaft, werden eine größere Flexibilität Taipeis unvermeidbar machen lassen.

Offensichtlich gibt es auf Taiwan immer mehr Kräfte, die eine Abkehr von einer allzu starken ideologischen Betrachtungsweise in den innerchinesischen Beziehungen fordern. Chiang Ching-kuo und die heutige offizielle Politik in Taipei werden noch von einem militanten Antikommunismus geprägt. Da jedoch auch im kommunistischen China erhebliche Veränderungen vonstatten gehen, deren Ende und Folgen noch nicht absehbar sind, kann es sein, daß die Pragmatiker auf beiden Seiten der Taiwan-Straße doch den Weg zueinander finden. Die Geschichte Chinas ist während ihrer 5000jähriger Dauer häufig durch Teilungen unterbrochen worden. Letzlich aber ist es immer wieder zur Einheit des riesigen Reichs der Mitte gekommen. Lo Kuan-chun, der Autor des auch in Europa berühmten Romans „San Kuo" oder „Die drei Königreiche" (220–280 nach Christi) prägte den Satz:

„In Angelegenheiten nationaler Politik führt langwährende Einheit immer zur Teilung und langwährende Teilung immer zur Einheit."

In den letzten 3 000 Jahren, in denen der historische Ablauf Chinas bereits genau verfolgt werden kann, waren 36,6 Prozent dieser Zeitspanne durch Spaltung und 63,4 Prozent durch Einheit gekennzeichnet. Aber auch während der zum Teil langen Perioden der Teilung hatten die Chinesen in den einzelnen Teilstaaten niemals den Gedanken aufgegeben, daß China *ein* Reich sei und daß das Ziel jeder Politik die Wiederherstellung dieser staatlichen Einheit sei. Insofern können vielleicht kleinmütige Politiker im geteilten Deutschland, die sich schon nach 40 Jahren mit der Teilung ihres Landes „abfinden" wollen, etwas von den Chinesen mit ihrer Engelsgeduld in Sachen Einheit lernen.

Hoffnung auf eine baldige Wiedervereinigung der beiden Chinas ist insofern berechtigter als in Deutschland. Dies mag auf den ersten Blick absurd erscheinen: sind nicht die Beziehungen zwischen der DDR und der Bundesrepublik viel intensiver als zwischen den beiden Chinas, wo es faktisch gar keine Beziehungen gibt? Dennoch, entscheidend für eine Wiedervereinigung ist der Wille von Volk und Regierung. Mit Fug und Recht kann gesagt werden, daß diese Entschlossenheit in *beiden* Chinas weiter stärker vorhanden ist als in den zwei deutschen Staaten.

Wichtig ist ferner, daß beide Chinas, wenn auch in unterschiedlichem Maß, eine gemeinsame Vaterfigur akzeptieren: Sun Yat-sen. Jetzt muß Peking sich entscheiden, ob es bereit ist, vom gescheiterten Weg Lenins-Stalins und Maos zurückzukehren auf den richtigen Pfad Sun Yat-sens. Noch ist die Entscheidung in Peking nicht gefallen.

Bessere Beziehungen Bonn–Taipei wünschenswert und möglich

Die Beziehungen zwischen der Bundesrepublik Deutschland und der Republik China sind wirtschaftlich sehr gut, politisch könnte jedoch einiges verbessert werden, ohne daß Bonn seine Beziehungen zu Peking aufgeben oder auch nur verschlechtern muß.

Bis zum Jahre 1949 war die Republik China als einer der Sieger im Zweiten Weltkrieg in Berlin durch eine Militärmission vertreten. Ich kenne persönlich noch ehemalige Mitarbeiter aus dieser Mission, die heute als Privatleute in Deutschland leben. Als am 1. Oktober 1949 in Peking die kommunistische Volksrepublik China gegründet wurde, nahm in Deutschland nur die im gleichen Jahr gegründete DDR diplomatische Beziehungen zum neuen Regime auf. Bonn, ebenfalls in jenem Jahr zur provisorischen Hauptstadt der Bundesrepublik Deutschland erklärt, zog es vor, keine China-Politik zu betreiben. Weder wurden zur Nationalregierung auf Taiwan noch zur Volksrepublik irgendwelche offizielle Beziehungen aufgenommen. Es entstand politisch im Westen ein Vakuum in den deutsch-chinesischen Beziehungen.

1972 beschloß Bonn, Peking anzuerkennen. Damit verbunden war die obligatorische Akezeptierung des auch von Peking geforderten Alleinvertretungsanspruchs. Taiwan wurde deshalb von Bonn als Bestandteil des kommunistischen Chinas betrachtet.

Alle Regierungen der Bundesrepublik halten bis zum heutigen Tag an dieser These fest. Und zwar mit der bekannt-berüchtigten deutschen Gründlichkeit.

Bonn gehört zu den Staaten, die besonders pingelig darauf achten, daß die noch vorhandenen Vertreter Taiwans in der Bundesrepublik sich gar nicht als offizielle Vertreter Chinas aufführen. Sie dürfen diesen Namen, China, oder das Wort chinesisch in keiner Weise benutzen, die Nationalfahne oder sonstige Nationalsymbole nicht zeigen. Eigentlich sollte man gerade von der Regierung des freien Teils Deutschlands etwas mehr Verständnis für die Nationalregierung auf Taiwan zeigen, denn es gibt hier zweifellos gewisse Parallelen zur Teilung in Deutschland mit einem demokratischen und kommunistischen Teilstaat.

So müssen die aus dem Außenministerium oder vom Informationsamt der Republik China entsandten Vertreter in der Bundesrepublik unter solchen nichtssagenden Namen arbeiten wie FERNOST-INFORMATIONEN, Asia Trade Center und dergleichen mehr. Die Einreise für Staatsbürger der Republik China ist einer schwierigen Prozedur unterworfen, während Bürger der Bundesrepbublik schnell und unbürokratisch nach Taiwan reisen können. Offensichtlich befürchtet das offizielle Bonn, daß Peking in „Zorn" gerät, wenn den Taiwanesen mehr Gastfreundschaft und Mitgefühl gezeigt wird.

Daß es auch anders geht, zeigen gerade einige Nachbarn der Bundesrepublik, die durchaus zu Peking diplomatische Beziehungen unterhalten. Weniger kleinlich sind beispielsweise Holländer, Belgier oder Franzosen.

Dabei ist die Bundesrepublik von allen europäischen Staaten der größte Handelspartner Taiwans. Mit 1,6 Milliarden US-Dollar führt die Bundesrepublik vor Großbritannien die Liste der Handelspartner Taiwans in Europa an. Vor allem elektrische und elektronische Waren sowie Textilien werden von Taiwan nach Westeuropa exportiert, auf der anderen Seite sind Maschinen und Chemikalien die Hauptimportgüter aus Europa. Diese Zahlen stammen aus dem Februar 1986.

Äußerst diplomatisch und taktvoll äußerte Premier Yu Kuo-hwa in einem Gespräch mit der Tageszeitung DIE

WELT vom 15. Januar 1986 seine Wünsche nach besseren Kontakten zwischen Bonn und Taipei:

„Die Bundesrepublik Deutschland und die Republik China haben etwas gemeinsam, nämlich die Hoffnung auf Wiedervereinigung und den damit verbundenen Wunsch für das Volk, ein freies Leben in einem demokratischen System zu führen."

Nach dieser Einleitung sagte der Regierungschef aber:

„Was allerdings Bonns Haltung gegenüber der Republik China anbelangt, so scheint die Bundesrepublik eine gewisse Befangenheit und Furcht zu haben. Wenn unsere beiden Länder in der Lage sind, unbegründete Hemmungen abzubauen, so können die Beziehungen wesentlich verbessert werden." Auf die Frage, ob Bonns Rücksichten gegenüber Peking „notwendig" seien, antwortete Yu wie folgt:

„Die Bundesrepublik Deutschland ist ein unabhängiges, souverändes Land und eine Macht von Weltbedeutung. Die Regierung und das Volk Ihres Landes habens stets die Tradition einer unabhängigen Außenpolitik gewahrt. Wir glauben, daß die Republik China und die Bundesrepublik Deutschland, zwei vom Kommunismus bedrohte Länder, gemeinsame Ideale und Interessen haben. Die Verbesserung unserer Beziehungen wäre daher von gemeinsamen Nutzen und sollte nicht von einer dritten Partei untergraben werden."

Weiter bemerkte der Premier:

„Es wird immer Menschen geben, die sich Illusionen hingeben oder unrealistische Einschätzungen in ihrer Haltung gegenüber den chinesischen Kommunisten oder in der Art ihrer Beziehungen zu diesen an den Tag legen.

Wir laden die Menschen in Ihrem Lande ein, die Länder zu beiden Seiten der Formosa-Straße zu besuchen, damit sie sich selbst von der Verschiedenartigkeit der Politik, der Systeme, der wirtschaftlichen Entwicklung und der gesellschaftlichen Voraussetzungen sowie der Lebensbedingungen überzeugen können. Das wird ihnen dazu verhelfen, das China-Problem besser zu verstehen."

Unter Hinweis auf die Wirtschaftsbeziehungen zwischen Taiwan und der Bundesrepublik regte Yu eine stärkere deutsche Investitionstätigkeit in seinem Lande an. In der Tat sind auch in diesem Bereich Amerikaner, Japaner und Aulandschinesen weit vorne, während die Deutschen viele Chancen auf Taiwan nicht wahrnehmen. Im Einzelnen teilte Yu Kuo-hwa mit: „Weil die Republik China politisch stabil ist, eine Bevölkerung mit hoher Kaufkraft besitzt, über hochqualifizierte Arbeitskräfte verfügt und Exportgüter herstellt, die bei den Verbrauchern und Handelsfirmen im Ausland gut ankommen, ist sie auch für ausländische Investoren attrakiv. Was direkte Wirtschafts- und Handelsbeziehungen anbelangt, so ist die Bundesrepublik Deutschland unser fünftgrößter Handelspartner.

1983 belief sich der Handel in beiden Richtungen auf 1,54 Milliarden US-Dollar. Davon exportierte die Republik China im Werte von 850 Millionen US-Dollar und importierte für 690 Millionen Dollar.

1984 erreichte der Handel zwischen der Republik China und der Bundesrepublik Deutschland eine Höhe von 1,64 Milliarden US-Dollar; davon Exporte für 870 Millionen Dollar und Importe im Werte von 770 Millionen.

Nun zu den Investitionen:

1984 erreichten sechs westdeutsche Anlagenprojekte eine Höhe von 269 Millionen Dollar. Um die Wirtschafts- und Handelsbeziehungen zwischen der Republik China und der Bundesrepublik Deutschland noch weiter auszubauen, hat die European Asian Bank in der Zwischenzeit eine Niederlassung in Taipeh eröffnet, und die Dresdner Bank hat jetzt ebenfalls ein Vertretungsbüro hier eingerichtet.

Zur Zeit besteht eines unserer größten wirtschaftlichen Anliegen darin, die technologische Kluft zwischen der Republik China und den entwickelten, industrialisierten Ländern zu schließen. Diese Regierung widmet sich unter Einbeziehung guter internationaler Wirtschaftsbeziehungen der weiteren Industralisierung einheimischer Unternehmen. Wir ermutigen Firmen in unserem Land, in Fabriken und Forschungszentren in entwickelten Ländern zu investieren. Dadurch werden Kontakte zu ausländischen Investoren hergestellt in der Transfer von Technologie entwickelt."

An die Adresse der zurückhaltenden bundesdeutschen Unternehmen richtete Yu folgenden Appell:

„Und da Ihr Land führend auf dem Gebiet biochemischer Technologie ist, erhoffen wir uns mehr Investitionen von deutschen Firmen. Inzwischen ermutigen wir auch eine wachsende Anzahl unserer Unternehmen, in Westdeutschland zu investieren im Hinblick auf eine engere technologische Zusammenarbeit und erweiterte Handelsbeziehungen."

Ein Appell, der hoffentlich verstanden wird.

Ein Touristenland par excellence

Die Republik China auf Taiwan ist nicht nur politisch ein interessantes Gebiet. Sie hat auch für den Touristen, den Reisenden, sei es geschäftlich oder privat, eine ganze Menge zu bieten. Gerade in den letzten Jahren sind viele neue Einrichtungen und Gebiete für den Tourismus erschlossen worden, um das attraktive Angebot noch anziehender zu machen.

Fast jeder Reisende beginnt sicherlich seine Entdeckungen in der Millionenstadt Teipei. Schon hier kommt der westliche Besucher voll auf seine Kosten. Die exotischen Reize dieser zutiefst chinesischen Stadt sind mit modernstem Komfort verbunden.

Neben Tausenden von exzellenten chinesischen und ausländischen Restaurants, die auch den verwöhntesten Gaumen voll zufriedenstellen, locken sowohl große Warenhäuser mit einem überwältigenden Angebot als auch Zehntausende kleinere Geschäfte zu einem Einkaufsbummel. Wer Chinoiserien und Ostasiatika liebt, sollte keinen Bogen um Taipei machen, sondern hier sogar länger verweilen.

Eine der wichtigsten Attraktionen in Taipei, ein Muß sozusagen für jeden Besucher, ist das Nationale Palast-Museum, das auf eine 62jährige Geschichte zurückblicken kann, das genauso wechselvoll ist wie die Geschichte Chinas in jenen sechs Jahrzehnten. Am Rande der Hauptstadt inmitten wunderschöner Berge gelegen, ist dieses Museum das reichhaltigste Zeugnis der chinesischen Kunst und Kultur auf der ganzen Welt. Kein Museum in Peking oder sonstwo auf dem Festland enthält auch nur annähernd so viele Schätze wie das Museum in Taipei.

Das Gebäude selber ist in traditionellem chinesischen Stil gebaut worden und bildet deshalb einen würdigen Rahmen für die in ihm gehüteten Exponate, die nur im Rotationsverfahren dem Publikum aus aller Welt gezeigt werden können.

Nicht nur die rund 600 000 Exponate bilden die reichste Sammlung chinesischer Kunst überhaupt, sondern auch die Odyssee dieses Hauses dürfte in der Kunstgeschichte einmalig sein.

Im Oktober 1925 wurde dieses Museum als erstes öffentliches in China eröffnet, und zwar auf dem Gelände der Kaiserpaläste in Peking, das als „Verbotene Stadt" bekannt ist. Zwar hat es Palastmuseen bereits in der Periode der nördlichen Sung-Dynastie (960–1127) gegeben, aber diese waren nur dem Hof und nicht dem Volk zugänglich. Erst nach dem Sturz der Ching-Dynastie im Jahre 1911 durch Sun Yat-sen erhielt die Bevölkerung Gelegenheit, Einblicke in die unermeßlichen Reichtümer und Schätze der chinesischen Kaiser zu nehmen.

Das damals neue Palastmuseum zeigte, wie auch heute in Taipei, alte Bronze- und Jagdfiguren, Porzellanerzeugnisse in einer unendlichen Vielfalt, Rollbilder und Gemälde, Kalligraphie-Rollbilder, Manuskripte, Orden und Siegel, Miniaturen aller Art, Parfümflaschen für Hofdamen und Konkubinen, Juwelen und Schmuck. Jedes einzelne Stück ist nicht nur optisch eine Augenweide, sondern buchstäblich von unschätzbarem Wert.

Wie wir wissen, hat Japan Anfang der 30er Jahre begonnen, China stückchenweise zu erobern. Als die Aggressoren Peking bedrohten, entschloß sich das Personal des Museums, den Standort zu verlegen. Die kostbarsten Stücke wurden deshalb 1933 zunächst nach Schanghai und später nach Nanking verfrachtet. Die Schätze waren in mehr als 19 000 Kisten verpackt. Aber auch hier waren sie nicht sicher. Nach dem offiziellen Beginn des chinesisch-japanischen Krieges im Jahre 1937 mußten die Behälter in die Provinzen Szechuan und Kweichou gebracht werden, erst nach dem Ende des Krieges (1945) konnten sie nach Nanking zurückgebracht werden.

Der Frieden dauerte jedoch nicht lange, denn es begann der Bürgerkrieg zwischen den Nationalisten unter Führung Chiang Kai-sheks und den Kommunisten unter Mao Tsetung. Chiang persönlich ordnete an, daß diese Schätze unter Wahrung höchster Konspiration auf Schiffe gebracht wurden, die die Schätze nach Taiwan brachten. Die Rettung dieser Kleinodien des Reiches der Mitte vor dem Zugriff der Kommunisten gehörte mit zu den Verdiensten Chiang Kai-sheks.

Undenkbar, wenn Chiang Kai-shek diese einmaligen Zeugnisse der Weltkultur und des chinesischen Volkes auf dem Festland gelassen hätte: von 1966–1976 wüteten die Horden der Rotgardisten, die gerade alles kurz und klein schlugen, was sie als „feudalistisch, bürgerlich-dekadent, reaktionär“ empfanden. Zahllose Kulturschätze Chinas wurden von diesen Halbwüchsigen mutwillig zerstört. Erst auf Taiwan fanden die geretteten Schätze eine vorläufige und sichere Heimat.

Ich pflichte meinem Kollegen Dr. Wolfgang Höpker vom „Rheinischen Merkur“ völlig bei, der mir kürzlich seine Bewunderung für Chiang Kai-shek zum Ausdruck brachte, daß dieser trotz der Wirren des Bürgerkrieges überhaupt die Zeit fand, sich um eine solche Rettungsaktion persönlich zu kümmern. Vielleicht hat dies auch eine Art symbolische Bedeutung, wie einst im Mittelalter die Reichs-Kleinodien immer im Besitz der regierenden Häuser bleiben mußten, ohne diese Schätze galt das Reich als verloren.

Einige der mutigen und verantwortungsbewußten Männer des damaligen Museums, Suo Yu-ming, der heute als Forscher im neuen Palastmeuseum von Taipei arbeitet, erinnert sich:

„Nur die wertvollsten Sachen wurden damals ausgesucht. Wir waren unseren Führern während jener schwierigen Zeit sehr dankbar, daß sie sich für diese schönen Sachen einsetzten und so entschlossen waren, sie zu beschützen.“

Auch auf Taiwan mußten sich diese stummen Zeugnisse der chineischen Kultur zunächst mit einem provisorischen Standort, nämlich in Taichung, begnügen. Denn erst 1965 erhielten sie ihren heutigen, angemessenen und würdigen neuen Standort in Taipei. Als schließlich die sorgfältig und liebevoll verpackten Kisten ausgewickelt wurden, zeigte es sich, daß nichts kaputtgegangen war, trotz der vielen turbulenten Umzüge, die sie in den letzten Jahrzehnten hinter sich hatten. Museumskuratorin Julie Chou sagt dazu: „Ich glaube wirklich, daß diese herrlichen Schätze irgendwie einen Schutzengel hatten, wenn Sie wollen, von den Göttern beschützt wurden. Nichts war verloren oder kaputtgegangen."

Man bräuchte viele Tage oder besser Wochen, um durch die weitträumigen Hallen und Zimmer des neuen Museumspalastes zu gehen, wenn man die ausgestellten Sachen auch nur annähernd genau betrachten möchte. Die Sammlung enthält die kostbarsten Stücke aus den drei Palästen der Tsching-Dynastie in Peking, Mukden und Jehol. Würde jemand jedoch alle 600 000 Exponate sehen wollen, so müßte er zehn Jahre opfern!

Es ist auffallend, wieviele Schüler, Jugendliche und Kinder das Museum besuchen. Ergriffen blicken sie auf die unglaublich schönen Zeugnisse der Kultur ihrer Vorfahren, ihres Volkes. Insofern hat das Museum für das Nationalbewußtsein, den Nationalismus Sun Yat-sens, einen hohen pädagogischen Stellenwert.

Da die Sammlung verständlicherweise unverkäuflich ist und wohl kaum ein Besucher in der Lage wäre, auch nur ein einziges Stück zu kaufen, wenn es käuflich wäre, gibt es für die Touristen dennoch einen Trost:

Auf jeder Etage gibt es mehrere Souvenirshops, wo Kopien oder Reproduktionen der schönsten Artikel des Museums zu vernünftigen Preisen gekauft werden können, auch Postkarten und andere Andenken sind in Hülle und Fülle vorhanden. Taiwan ist bestens auf die Besucher vorbereitet, auch Bundesbürger zählen zu den wachsenden Touristenströmen.

Taipei hat, wie alle Städte auf Taiwan, wunderbare andere Museen und Tempel. Beeindruckend ist der Lung-Shan Tempel in Taipei unweit des sehenswerten Schlangenmarktes. Letzterer ist für empfindsame Tierschützer allerdings nicht zu empfehlen: bei lebendigen Leibe werden Schlangen aller Größenordnung gehäutet. Ihr Blut und Fleisch werden frisch zum Verkauf angeboten. Angeblich sollen sie die Gesundheit und Potzenz verbessern, sofern sich der Magen nicht umdreht. Tausende von Krämerläden, Garküchen, Mini-Restaurants sorgen dafür, daß dieser Markt Tag und Nacht ein unvergeßliches Erlebnis der Lebensfreude und Vitalität der Chinesen vermittelt.

Während des Aufenthaltes in Taipei sind wahrscheinlich auch die Chiang Kai-shek Gedächtnisstätte, der Konfuzius-Tempel, wo noch heute des alten Lehrmeisters der chinesischen Sittenlehre gedacht wird, Bestandteile des Besichtigungsprogramms.

Weitere Höhepunkte für ausländische Touristen sind u. a.:

- eine Fahrt zur Nordküste. Hier befindet sich unweit der Hafenstadt Keelung der Yehliu-Park, vor allem bekannt durch seine bizarren Felsgebilde, die zu den bekanntesten Attraktionen der Insel gehören
- der Sonne-Mond-See liegt im Gebirge Zentral-Taiwans. Er befindet sich in einer traumhaften Landschaft, liegt 760 Meter hoch und ist wegen des nicht zu heißen Klimas ein Ort der Ruhe und Entspannung. Zahlreiche luxuriöse und auch einfachere Hotels bieten jedem Geldbeutel etwas. Viele Chinesen verbringen hier ihre Flitterwochen. Von hier aus können Wanderungen in die liebliche Umgebung gemacht werden. Ferner befinden sich in der Nähe Ureinwohner, beispielsweise des Ami-Stammes, die für Touristen gerne ihre traditionellen, bunten Tänze vorführen. Gegen einen Obolus lassen sich die Tänzer gerne fotografieren. Es empfiehlt sich jedoch, den Preis vorher auszumachen.

In der Nähe des Sees gibt es die höchste Pagode und einen der größtenTempel der Insel, deren Besuch ich jedem empfehlen kann, da beide Stätten sehr eindrucksvoll und majestätisch sind.

- der Bambuswald von Chitou, etwa 80 Kilometer südlich von Taichung gelegen, ist besonders wegen seiner berühmten Bambusbrücke bekannt. Etwa 40 Prozent aller auf Taiwan hergestellten Bambusprodukte haben hier ihren Ursprung. Das satte Grün des Bambuswaldes, die im Dunst liegenden blauen Berge haben aus dieser Region ebenfalls einen beliebten Erholungsort, auch für Flitterwochen gemacht, zumal inzwischen Hotels und Bungalows ein entsprechendes Angebot bereithalten.
- Alishan heißt ein Gebirgszug und ein Ort in dieser Gegend, beliebt für Ruhebedürftige. Der Bahnhof von Alishan liegt 2190 Meter hoch und ist damit der höchste im gesamten Fernen Osten. Schon die vierstündige Bahnfahrt von Chiayi, einer Stadt in Zentral-Taiwan, ist ein Erlebnis für sich: die 72 Kilometer lange Bahnstrecke überquert nämlich 89 pittoreske Brücken und durchfährt 50 Tunnel. Das Städtchen Alishan hat bereits ein modernes Hotel. Zu den seltenen Naturschauspielen der Welt zählt die Aussicht vom Berg Chushan auf das Wolkenmeer beim Jade-Berg (Yushan). Dieser Berg ist mit seinen 3997 Metern der höchste in Nordostasien. Bergsteiger gehören deshalb häufig zu den Besuchern des Alishan-Freizeitgebietes, das auch sehr viele Wälder für Wanderungen und Entdeckungen zu bieten hat.
  Nicht unerwähnt darf der „heilige Baum“ bleiben, der an der Bahnstrecke steht: er ist nämlich über 3000 Jahre alt!
- der Süden Taiwans hat ebenfalls zahlreiche Sehenswürdigkeiten, von denen ich nur einige wenige erwähnen möchte.

Da ist zunächst die zweitgrößte Stadt Taiwans, die Hafenstadt Kaohsiung, zu nennen. Sie hat 1,2 Millionen Einwohner, zahlreiche Luxushotels und ist damit als Ausgangspunkt für Touristen hervorragend geeignet. Von Kaohsiung aus kann man Tagestouren in die nähere Umgebung des Südens organisieren.

Unweit von Kaohsiung liegt beispielsweise die älteste Stadt Taiwans, Tainan. Hier befindet sich der Schrein Koxingas, wie der Chinese Cheng Cheng-kung in Europa genannt wird. Koxinga, ein loyaler Beamter der Ming-Dynastie, vertrieb im Jahre 1661 die Holländer von der Insel, die dort einen festen Stützpunkt ihrer Kolonialherrschaft errichtet hatten. Vor allem Holländer „pilgern" deshalb besonders nach Tainan, um sich vor den Resten ihrer Vergangenheit stolz fotografieren zu lassen. Zum Teil ist jedoch die holländische Festung originalgetreu nachgebaut worden.

Nur wenige Autominuten von Kaohsiung entfernt liegt ein anderer zauberhafter See: der Cheng Ching-See. Ein Golfplatz, ein Nobelhotel vermitteln den Eindruck, der Gast befinde sich inmitten eines märchenhaften Parks.

Bei meiner letzten Reise auf Taiwan im Frühjahr 1986 lernte ich auch den Kenting-Nationalpark kennen. Dies ist der erste Nationalpark der Republik China und in mehrfacher Hinsicht zu empfehlen.

Der 326 Quadratkilometer große Park im äußersten Süden der Insel ist vor allem wegen seines Botanischen Gartens eine der großen Attraktionen. Der Strand von Kenting, eines der schönsten Hotels der Insel – Caesars Palace –, das klare Meerwasser bieten allen Besuchern unvergeßliche Stunden.

- die Taroko-Schlucht im Osten Taiwans müßte zu den natürlichen Weltwundern gezählt werden. Die Ost-West-Autostraße, die hierherführt, wird von den Chinesen als „Regenbogenbrücke der Schatzinsel" zutreffend bezeichnet. Die Vielfalt der Eindrücke schon während der Fahrt zur Taroko-Schlucht kann in der Tat nur mit einem bunten Regenbogen verglichen werden. Denn diese Autostraße, 1960 von 10 000 Bauarbeitern vollendet, ist in dieser gebirgigen Gegend eine auch technische Meisterleistung. Die Fahrzeuge schlängeln sich langsam auf den zahlreichen Serpentinen, 192 Kilometer, von Taroko am Pazifischen Ozean nach Tungshih, an der Westküste der

Insel. Am bekanntesten ist die fast 20 Kilometer lange Strecke durch die Schlucht von Taroko, die umgeben wird von hohen Marmorfelsen. Alleine auf dieser kurzen Strecke gibt es 38 Tunnel. Mehrere kleine Orte mit herrlichen Hotels und Restaurants sorgen mit ihrer Aussicht auf die bizarre Welt dieser Gegend für „eine nie versiegende Quelle des Entzückens“, wie es in einem Prospekt heißt. Dies ist nicht übertrieben: ich selber konnte beobachten, wie Touristen mit Ah und Oh oder „wonderful“ ununterbrochen ihre Bewunderung zum Ausdruck brachten und die meisten Filme hier im Nu verknipst waren. In der Tat: die Taroko-Schlucht kann man gar nicht mit Worten beschreiben, man muß sie einfach besuchen.

Der Yehliu-Park mit seinen fantastischen Felsenformationen

Die chinesische Oper ist ein Augen- und Ohrenschmaus

Die Taroko-Schlucht: eines der natürlichen Weltwunder

Praktische Hinweise

Zahlreiche Fluggesellschaften fliegen Taipei an. Pauschalreisen nach Taiwan werden von allen größeren Reiseveranstaltern oder Reisebüros angeboten, zumeist in Verbindung mit anderen asiatischen Zielen wie Japan, Korea und Hongkong.

Visa: Für die Einreise ist ein Visum erforderlich, das am Flughafen oder Hafen ausgestellt wird. Voraussetzung ist jedoch ein „Empfehlungsschreiben", das in der Bundesrepublik Deutschland von den inoffiziellen Vertretungen Taiwans ausgestellt wird, die bei uns FERNOST-INFORMATIONEN heißen. Solche Büros gibt es derzeit in Bonn, Hamburg, Berlin und München. Die Anschriften und Telefonnummern entnehmen Sie bitte den örtlichen Telefonbüchern bzw. der Telefon-Auskunft, da die Anschriften gelegentlich wechseln.

Die Touristenvisa berechtigen zu einem Aufenthalt von einem Monat und können für einen weiteren Monat kostenlos verlängert werden.

Impfung: Für Taiwan sind keine Impfungen mehr notwendig, es sei denn, Sie kommen aus einem Pocken- oder Cholera-Gebiet. In diesem Fall sind Impfungen gegen die genannten Krankheiten erforderlich.

Zoll: persönliche Gebrauchsgegenstände sind zollfrei. Rundfunk- und Fernsehgeräte sowie Kassettenrecorder müssen angegeben werden. Höchstens 8000 New Taiwan Dollar und 20 chinesische Münzen dürfen ausgeführt werden. Devisen dürfen in unbegrenzter Höhe eingeführt und außer Landes gebracht werde. Beträge über 1000 US-Dollar in bar müssen bei der Einreise angemeldet werden.

Bei der Ausreise bitte beachten: verboten ist die Mitnahme von Gold- oder Silberbarren, Weizen – und andere Getreidearten – unerlaubte Reproduktionen von Büchern und Schallplatten, mehr als 62,6 Gramm Silberschmuck.

Währung: 1 DM entspricht etwa 20 New Taiwan Dollar (NTD), dies ist der Stand von 1986. Kreditkarten und Travellers Cheques (Reiseschecks) werden in allen größeren Hotels und Geschäften akzeptiert, jedoch keine Euroschecks. In kleineren Geschäften müssen Sie immer bar bezahlen. Lassen Sie sich beim Geldtausch immer eine Quittung ausstellen: nur so bekommen Sie ihr chinesisches Geld wieder bei der Abreise zurückgetauscht.

Strom und Wasser: Die Spannung beträgt 110 Volt Wechselstrom. Das in Hotels und Restaurants servierte Trinkwasser ist abgekocht oder destiliert und deshalb unbedenklich.

Inlandsverkehr: täglich verkehren klimatisierte komfortable Züge zwischen den größten Städten der Insel, zu günstigen Preisen.

Der Busverkehr ist noch preiswerter, jedoch für Personen ohne Chinesisch-Kenntnisse weniger empfehlenswert, da die Busfahrer kaum eine Fremdsprache sprechen und die Ziele ebenfalls nur Chinesisch beschriftet sind.

Die Taxis sind dagegen empfehlenswert: der erste Kilometer kostet etwas mehr als eine DM (24 NTD), jeder weitere Kilometer kostet nur 50 Pfennig (12 NTD). Hier empfiehlt es sich, Ihr Ziel vom Hotelempfang auf Chinesisch schreiben zu lassen. Die Taxifahrer können mit den europäischen Namen der Hotels nichts anfangen. So heißt „Hilton“ auf Chinesisch Hsi-Er-Dun!

Für Ausländer empfiehlt sich bei Post und Telex das Hotel, wo fremdsprachenkundige Angestellte helfen, ansonsten hat Taiwan ein dichtes und leistungsfähiges Netz von Postämtern.

Trinkgeld: Pro Gepäckstück etwa 20 NTD (1 DM) geben. Im Zimmerpreis sind bereits 10% Service enthalten, dennoch wird Trinkgeld natürlich gerne angenommen.

Klima/Kleidung: das subtropische Klima hat eine durchschnittliche Jahrestemperatur von 21,7 Grad Celsius im Norden und 24,1 Grad Celsius im Süden. Von April bis November ist deshalb leichte Sommerkleidung empfehlenswert, von Dezember bis März hingegen ist Herbstkleidung anzuraten.

Taiwan hat in der Bundesrepublik ein Touristenamt, das für weitere Auskünfte zur Verfügung steht:

Asia Trade Center, Tourism Bureau
Dreieichstr. 59
6000 Frankfurt/Main 70
Telefon: 0 69/61 07 43

Anhang

Erklärung Sun Yat-sens bei der Übernahme des Amtes des provisorischen Präsidenten der Republik China

1. Januar 1912

Mit dem Beginn des Aufbaus der Republik China wurde mir das Amt des Provisorischen Präsidenten übertragen, und Tag und Nacht quält mich der Gedanke, die Hoffnungen des Volkes auf Glück zu enttäuschen. Die Kraft des Volkes hat innerhalb kurzer Zeit das Joch der Willkürherrschaft, das seit mehr als 200 Jahren auf China lastete, abgeworfen. Seit dem Aufstand sind erst wenige Wochen vergangen, aber die Umgestaltungen haben schon mehr als ein Dutzend Provinzen erfaßt. Noch nie wurde in der Geschichte unseres Landes ein Erfolg innerhalb so kurzer Zeit errungen.

Man muß dabei sehen, daß zu diesem Zeitpunkt das Volk weder im Inland eine einheitliche Verwaltung besaß, noch dem Ausland gegenüber über eine repräsentative Vertretung verfügte. Ihre Errichtung duldet keinen Aufschub, deshalb wurde ich beauftragt, die Provisorische Regierung zu bilden.

Unter dem Gesichtspunkt, daß Verdienstvolle auszuwählen sind und Fähigen der Platz freizumachen ist, wage ich nicht, das hohe Amt zu übernehmen. Geht man von dem Gesichtspunkt aus, daß man keine Kräfte schonen darf, um der Sache zu dienen, wage ich nicht abzulehnen. Vom Volke berufen, werde ich meine ganze Kraft dafür einsetzen, die

Folgen der Willkürherrschaft zu beseitigen, die Republik zu festigen und die Lebensbedingungen des Volkes zu verbessern, um die Ziele der Revolution zu verwirklichen und dem Willen und den Hoffnungen des Volkes zu entsprechen. Das erkläre ich offenen Herzens vor dem Volke. Die Wurzel des Staates liegt im Volk. Die Gebiete der Han, der Mandschuren, der Mongolen, der Hui und der Tibeter zu einem Staat, und die Nationalitäten der Han, der Mandschuren, der Mongolen, der Hui und der Tibeter zu einer Völkerfamilie zu vereinen, heißt die nationale Einheit schaffen.

Nach dem Aufstand von Wuhan errangen nacheinander mehr als ein Dutzend Provinzen die Selbständigkeit. Jede von ihnen sagte sich von der mandschurischen Ching-Dynastie los und verband sich mit den anderen Provinzen, die gleichfalls ihre Selbständigkeit erlangt hatten. Auch die Mongolen und Tibeter hegen gleiche Absichten. Einheitlich zu handeln, Tendenzen der Zersplitterung zu begegnen und zentrale Verwaltungsorgane zu schaffen, die im Bereich des ganzen Landes wirksam werden, heißt die Einheit des Territoriums gewährleisten.

Als die Stunde der Entscheidung nahte und überall die Banner der Gerechtigkeit erhoben wurden, rüsteten sich in den Provinzen unsere tapferen Kämpfer. Obwohl ihre Formierung noch nicht einheitlich ist und ihre Losungen noch nicht die gleichen sind, so ist doch ein gemeinsames Ziel vorhanden, darin gibt es keine Unterschiede. Sollte es so schwer sein, vom gemeinsamen Ziel zum gemeinsamen Handeln, zu einer einheitlichen Organisation zu gelangen? Das zu erreichen, heißt die Einheit der Militärpolitik durchsetzen.

Das Territorium unseres Staates umfaßt riesige Gebiete, und jede Provinz hat ihre eigenen Sitten und Gebräuche. Früher zwang die Ching-Dynastie ihnen vermittels der Zentralgewalt ihre Herrschaft auf und versprach die Einführung einer Pseudoverfassung. Jetzt sind die Provinzen miteinander vereint, und jede einzelne hat die Möglichkeit der

Selbstverwaltung. Von jetzt an werden sich die Beziehungen zwischen der Zentralregierung und den Provinzen auf neue und bessere Weise regeln. Das Programm dafür ist bereits vorbereitet, und es wird nicht schwer sein, seine einzelnen Bestimmungen zu formulieren. Das bedeutet, die Einheit der inneren Verwaltung herzustellen.

Zur Zeit der mandschurischen Ching-Dynastie wurden unter Berufung auf die Vorbereitung der Verfassung Gelder erpreßt, schwere Steuern und Abgaben lasteten auf großen und kleinen Dingen, so daß dem Volke nichts zum Leben verblieb.

Von jetzt an werden die Staatsausgaben in Übereinstimmung mit den Lehren der Finanzwissenschaft zum Nutzen des Volks verwendet werden. Mehr noch, durch die Reform der sozialen Organisation wird dem Volk Glück und Freude des Lebens zuteil werden. Das ist unter Einheit der Finanzpolitik zu verstehen.

Darin bestehen die Grundprinzipien unserer staatlichen Verwaltung, und wenn wir diesen Kurs einschlagen, werden wir größere Fehler vermeiden.

Die revolutionären Prinzipien, die wir verkündet haben, sind international bekannt geworden. Auch als es früher immer wieder zu Rückschlägen kam, gab es im Ausland niemanden, der den Sinn unseres Kampfes nicht begriffen hätte. Seit acht Monaten weht die Fahne der Gerechtigkeit, und alle Nachbarstaaten betrachten sie mit friedlichen Erwartungen und nehmen eine neutrale Haltung ein, Zeitungen wie öffentliche Meinung bringen immer mehr ihre Sympathie zum Ausdruck. Für die Achtung, die die freundschaftlich gesonnenen Nachbarn uns entgegenbringen, sind wir ehrlichen Herzens dankbar.

Die Provisorische Regierung nimmt seit ihrer Gründung die Verpflichtungen eines zivilisierten Staates vollständig wahr und erwartet, alle Rechte eines zivilisierten Staates in Anspruch nehmen zu können.

Die in der Zeit der mandschurischen Ching üblichen Machenschaften, die Schande über den Staat brachten, und der Fremdenhaß sind ein für allemal zu überwinden. Wir werden am Grundsatz der friedlichen Lösung aller Fragen festhalten, die freundschaftlichen Beziehungen zu den Staaten, die uns wohlgesonnen sind, verstärken, die internationale Autorität Chinas heben und dazu beitragen, daß sich die Welt allmählich der Großen Harmonie nähert. Auf diesem Wege gilt es voranzuschreiten, ohne Mühen zu scheuen. Darin besteht das Wesen der Außenpolitik.

Die Republik wurde gerade erst gegründet, und im Bereich der Außen- und Innenpolitik ergeben sich Hunderte von Problemen. Ich sorge mich darum, welche Menschen all diesen Anforderungen gewachsen sein werden. Aber die Provisorische Regierung ist eine Regierung der Epoche der Revolution. Jeder, der seit mehr als einem Jahrzehnt bis zum heutigen Tage dem Weg der Revolution folgte, wird zielbewußt und reinen Herzens alle sich auftürmenden Schwierigkeiten im Kampf überwinden. Wenn die jetzt vor uns stehenden Schwierigkeiten die bisherigen auch noch übertreffen, werden wir doch, wenn wir uns nur den revolutionären Geist bewahren, unaufhaltsam voranschreiten; und es wird uns gelingen, die Grundlage der Republik China auf unserem gesamten Territorium zu festigen. Erst dann werden die Aufgaben der Provisorischen Regierung vollständig erfüllt sein, und wir können mit reinem Gewissen vor unser Volk treten.

Heute, an dem Tage, an dem ich mich zum ersten Mal dem Volk unseres Landes gegenübersehe, stelle ich diese meine innersten Gedanken dem Urteil seiner 400 Millionen zählenden Bevölkerung anheim.

Die erste provisorische Verfassung der Republik China vom 11. März 1912

Abschnitt I: Allgemeine Grundsätze

Artikel 1
Die Republik China ist ein vom chinesischen Volk gegründeter Staat.

Artikel 2
Die Staatsgewalt der Republik China geht vom Volke aus.

Artikel 3
Das Territorium der Republik China besteht aus 22 Provinzen, der Inneren und Äußeren Mongolei, Tibet und Tschinghai.

Artikel 4
Die Staatsmacht der Republik China wird durch die Nationalversammlung, den Provisorsichen Präsidenten, die Regierung und die Gerichte ausgeübt.

Abschnitt II: Das Volk

Artikel 5
Die Bürger der Republik China sind vor dem Gesetz gleich, ohne Ansehen der Nationalität, des Standes oder der Religion.

Artikel 6

Die Bürger genießen die nachstehend aufgeführten Freiheiten:

1. Die Bürger dürfen ohne gesetzliche Grundlage weder verhaftet noch gefangengehalten, weder verhört noch bestraft werden.
2. Ohne gesetzliche Grundlage ist es nicht gestattet, Haussuchungen vorzunehmen.
3. Die Bürger haben das Recht auf Eigentum und Gewerbefreiheit.
4. Die Bürger genießen die Freiheit, sich in Wort, Schrift und Druck zu äußern, sich zu versammeln und Organisationen zu gründen.
5. Das Briefgeheimnis der Bürger ist zu gewährleisten.
6. Die Bürger haben das Recht der freien Ortswahl.
7. Die Bürger genießen die Freiheit des Glaubensbekenntnisses.

Artikel 7

Die Bürger haben das Recht, der Nationalversammlung Petitionen einzureichen.

Artikel 8

Die Bürger haben das Recht, Eingaben an die Verwaltungsbehörden zu richten.

Artikel 9

Die Bürger haben das Recht, vor den Gerichten Klage zu führen und eine Urteilssprechung zu fordern.

Artikel 10

Die Bürger haben das Recht, gegen Beamte wegen gesetzwidriger Handlungen bei Verwaltungsgerichten Klage zu erheben.

Artikel 11

Die Bürger haben das Recht, sich an Prüfungen für die Berufung als Beamte zu beteiligen.

Artikel 12
Die Bürger besitzen das aktive und passive Wahlrecht.

Artikel 13
Die Bürger sind verpflichtet, entsprechend dem Gesetz Steuern zu entrichten.

Artikel 14
Die Bürger sind entsprechend dem Gesetz wehrpflichtig.

Artikel 15
Die in diesem Abschnitt aufgeführten Rechte der Bürger können im Sinne der allgemeinen Wohlfahrt, zur Aufrechterhaltung der öffentlichen Sicherheit oder, wenn es wegen eines Notstandes erforderlich erscheint, den Gesetzen entsprechend eingeschränkt werden.

Abschnitt III: Die Nationalversammlung

Artikel 16
Das Recht der Republik China, Gesetze zu erlassen, wird von der Nationalversammlung ausgeübt.

Artikel 17
Die Nationalversammlung setzt sich gemäß Artikel 18 aus den von den einzelnen Landesteilen ernannten Abgeordneten der Nationalversammlung zusammen.

Artikel 18
Jede Provinz, die Innnere und die Äußere Mongolei und Tibet ernennen je 5 und Tschinghai einen Abgeordneten für die Nationalversammlung. Der Ernennungsmodus ist von jedem Landesteil selbst festzulegen. In den Sitzungen der Nationalversammlung hat jeder Abgeordnete eine beschließende Stimme.

Artikel 19

Die Nationalversammlung hat folgende Aufgaben:

1. Sämtliche Gesetzesentwürfe zu beraten und zu beschließen;
2. Den Haushaltsplan und die Rechnungslegung der Provisorischen Regierung zu beraten und zu beschließen;
3. Die Steuergesetze, das Währungssystem sowie die Maße und Gewichte für das ganze Land zu beraten und zu beschließen;
4. Über die Aufnahme von Staatsanleihen und Verträgen, durch die der Staatskasse Lasten auferlegt werden, zu beraten und zu beschließen;
5. Zu den in den Artikeln 34, 35 und 40 bezeichneten Angelegenheiten ihre Zustimmung zu geben;
6. Anfragen der Provisorischen Regierung zu beantworten;
7. Petitionen von Bürgern entgegenzunehmen u. zu erledigen;
8. Der Regierung Gesetzesänderungen und Gesetzesvorschläge zu unterbreiten;
9. Schriftliche Anfragen an die Regierung zu richten und deren Beantwortung vor der Nationalversammlung zu fordern;
10. Die Provisorische Regierung zu bitten, gegen Beamte, die Bestechungen angenommen oder sich sonstiger Gesetzesübertretungen schuldig gemacht haben, ein Verfahren einzuleiten;
11. Mit einer Mehrheit von mindestens drei Vierteln der anwesenden Abgeordneten, bei Anwesenheit von mindestens vier Fünfteln sämtlicher Abgeordneter die Erhebung der Anklage gegen den Präsidenten zu beschließen, wenn die Nationalversammlung eine verschwörerische Tätigkeit von seiner Seite annimmt;
12. Mit einer Mehrheit von mindestens zwei Dritteln der anwesenden Abgeordneten, bei Anwesenheit von mindestens drei Vierteln sämtlicher Abgeordneter, die Erhebung der Anklage gegen eine Staatsminister zu beschließen, wenn die Nationalversammlung annimmt, er versäume seine Pflicht oder verletze Gesetze.

Artikel 20
Die Nationalversammlung entscheidet selbst über ihre Einberufung sowie den Tagungsturnus.

Artikel 21
Die Sitzungen der Nationalversammlung sind öffentlich. Auf Ersuchen der Regierung oder auf Beschluß der Mehrheit der anwesenden Abgeordneten kann die Öffentlichkeit ausgeschlossen werden.

Artikel 22
Die Beschlüsse der Nationalversammlung werden vom Provisorischen Präsidenten verkündet und in Kraft gesetzt.

Artikel 23
Wenn der Provisorische Präsident einem Beschluß der Nationalversammlung seine Zustimmung verweigert, hat er dies innerhalb von zehn Tagen unter Angabe der Gründe der Nationalversammlung mitzuteilen und den Beschluß zur nochmaligen Beratung vorzulegen. Wenn dann noch mindestens zwei Drittel der anwesenden Abgeordneten an dem früheren Beschluß festhalten, ist nach Artikel 22 zu verfahren.

Artikel 24
Der Präsident der Nationalversammlung wird von den Abgeordneten aus ihrer Mitte durch namentliche Stimmabgabe gewählt. Wer die Hälfte der abgegebenen Stimmen erhält, gilt als gewählt.

Artikel 25
Die Abgeordneten der Nationalversammlung sind außerhalb der Nationalversammlung für ihre auf Sitzungen der Nationalversammlung getanen Äußerungen und erfolgten Abstimmungen nicht verantwortlich.

Artikel 26
Kein Abgeordneter der Nationalversammlung darf während der Sitzungsperiode ohne Genehmigung der Nationalversammlung festgenommen werden, außer wenn er eines Verbrechens bzw. des Hoch- oder Landesverrats überführt ist.

Artikel 27
Die Nationalversammlung legt ihre Geschäftsordnung selbst fest.

Artikel 28
Die Nationalversammlung wird an dem Tage aufgelöst, an dem sich das Parlament konstituiert. Ihre Pflichten und Rechte übernimmt das Parlament.

Abschnitt IV: Der Provisorische Präsident und der Vizepräsident

Artikel 29
Der Provisorische Präsident und der Vizepräsident werden von der Nationalversammlung gewählt. Erforderlich ist die Anwesenheit von mindestens drei Viertel der Abgeordneten. Wer mindestens zwei Drittel der abgegebenen Stimmen auf sich vereinigen kann, gilt als gewählt.

Artikel 30
Der Provisorische Präsident steht der Provisorischen Regierung vor, leitet die Regierungsgeschäfte und verkündet die Gesetze.

Artikel 31
Der Provisorische Präsident hat in Ausführung der Gesetze oder auf gesetzlicher Grundlage das Recht, Verordnungen zu erlassen und deren Veröffentlichung anzuweisen.

Artikel 32
Der Provisorische Präsident ist der Oberbefehlshaber der See- und Landstreitkräfte des ganzen Staates.

Artikel 33
Der Provisorische Präsident legt das Verwaltungssystem und das Verwaltungsrecht fest. Beide sind der Nationalversammlung zur Beschlußfassung vorzulegen.

Artikel 34
Der Provisorische Präsident ernennt und entläßt die zivilen und militärischen Beamten. Bei der Ernennung der Staatsminister sowie der Botschafter und Gesandten bedarf es der Zustimmung der Nationalversammlung.

Artikel 35
Der Provisorische Präsident erklärt mit Zustimmung der Nationalversammlung den Krieg, schließt Frieden und Verträge.

Artikel 36
Der Provisorische Präsident erklärt entsprechend dem Gesetz den Ausnahmezustand.

Artikel 37
Der Provisorische Präsident empfängt als Vertreter des Staates Botschafter und Gesandte aus dem Ausland.

Artikel 38
Der Provisorische Präsident bringt in der Nationalversammlung Gesetzesvorschläge ein.

Artikel 39
Der Provisorische Präsident verleiht Orden und sonstige Auszeichnungen.

Artikel 40
Der Provisorische Präsident gewährt Verurteilten Amnestien, Einzelbegnadigungen, Straferlasse und die Zuerkennung ihrer alten Rechte. Zur Amnestie bedarf er der Zustimmung der Nationalversammlung.

Artikel 41
Hat die Nationalversammlung Anklage gegen den Provisorischen Präsidenten erhoben, so wählen die Richter des Obersten Gerichtshofes neun Personen aus ihrer Mitte, die einen besonderen Gerichtshof bilden, den Prozeß führen und das Urteil fällen.

Artikel 42
Der Provisorische Vizepräsident nimmt die Pflichten und Rechte des Provisorischen Präsidenten wahr, wenn dieser aus irgendeinem Grund aus dem Amt ausscheidet oder wenn er an der Wahrnehmung seiner Pflichten verhindert ist.

Abschnitt V: Die Regierung

Artikel 43
Die Regierung wird vom Ministerpräsidenten sowie von den Leitern der Ministerien gebildet.

Artikel 44
Die Regierung unterstützt den Provisorischen Präsidenten bei der Ausübung seiner Tätigkeit.

Artikel 45
Die Regierung hat Gesetzesvorlagen, die der Provisorische Präsident einbringt, Gesetze, die er verkündet, und Verordnungen, die er erläßt, gegenzuzeichnen.

Artikel 46
Die Regierung sowie die ihr untergeordneten Beamten nehmen an den Tagungen der Nationalversammlung teil und sprechen zur Diskussion.

Artikel 47
Hat die Nationalversammlung Anklage gegen einen Staatsminister erhoben, so muß der Provisorische Präsident ihn seines Amtes entheben. Er kann aber den Fall zur nochmaligen Überprüfung an die Nationalversammlung zurückverweisen.

Abschnitt VI: Die Gerichte

Artikel 48
Der Provisorische Präsident und der Justizminister berufen die Richter. Die Gerichtsverfassung und die Qualifikation der Richter werden durch Gesetze bestimmt.

Artikel 49
Die Gerichte urteilen im Zivil- bzw. Strafprozeß nach dem Zivil- bzw. Strafprozeßrecht. Für Verwaltungsprozesse und andere Prozesse werden entsprechende gesonderte gesetzliche Regelungen getroffen.

Artikel 50
Die Gerichtsverhandlungen erfolgen öffentlich. Wenn eine Gefahr für die öffentliche Ruhe und Ordnung besteht, ist die Öffentlichkeit auszuschließen.

Artikel 51
Die Richter entscheiden unabhängig und ohne Einflußnahme übergeordneter Behörden.

Artikel 52
Im Amt befindlichen Richtern darf weder das Gehalt gekürzt werden noch darf gegen ihren Willen eine Versetzung oder Entlassung erfolgen, wenn sie nicht entsprechend dem Gesetz durch strafrichterliches Urteil bzw. durch disziplinarisches Urteil, welches die Entlassung aus dem Amt zur Folge hat, ihres Amtes enthoben werden. Die Disziplinarstrafbestimmungen werden durch Gesetz geregelt.

Abschnitt VII: Zusatzbestimmungen

Artikel 53
Innerhalb von zehn Monaten nach Inkrafttreten dieser Provisorischen Verfassung beruft der Provisorische Präsident das Parlament ein. Das Gesetz über die Organisation des Parlaments und das Wahlgesetz werden von der Nationalversammlung beschlossen.

Artikel 54
Die Verfassung der Republik China wird vom Parlament verabschiedet. Vor dem Inkrafttreten der Verfassung wird sie durch die Provisorische Verfassung ersetzt.

Artikel 55
Zusätze oder Abänderungen zu dieser Provisorischen Verfassung können durch die Nationalversammlung mit Dreiviertelmehrheit der anwesenden Abgeordneten beschlossen werden. Dazu ist die Anwesenheit von zwei Dritteln der Abgeordneten notwendig; ging der Vorschlag vom Provisorischen Präsidenten aus, ist die Anwesenheit von mindestens vier Fünfteln der Abgeordneten erforderlich.

Artikel 56
Diese Provisorische Verfassung tritt am Tage ihrer Verkündigung in Kraft.

Die allgemeinen Bestimmungen über die Einsetzung der Provisorischen Regierung treten am Tage der Verkündigung der Provisorischen Verfassung außer Kraft.

Die Kuomintang
Eine kurze Einführung
I. Geschichte

Die Kuomintang, auch bekannt als die Chinesische Nationalistische Partei, wurde am 24. 11. 1894 von Dr. Sun Yat-sen in Honululu auf Hawaii gegründet. In den folgenden 17 Jahren unternahmen Dr. Sun und seine Gefolgsleute zehn erfolglose Versuche, die korrupte und despotische Mandschuherrschaft zu stürzen, die China seit 1644 regierte. Zehntausende von Revolutionären opferten ihr Leben bei diesen Versuchen, bis der elfte Versuch am 10. 10. 1911 schließlich erfolgreich war und somit die Republik China entstehen konnte.

Die Geschichte der Kuomintang und die der Republik China sind untrennbar. In den frühen Jahren der Republik war China zwischen streitenden Militärherrschern zerrissen. Beim Tode Dr. Suns 1925 wurde die Parteiführung Chiang Kai-shek übertragen, der als Oberkommandierender der Nationalen Revolutionsstreitkräfte die Militärherrscher hinwegfegte und China 1928 wiedervereinigte. Die von der Partei geführte Regierung, eingesetzt im Jahre 1927, widmete sich mit ganzen Kräften dem nationalen Wiederaufbau, als der kommunistische Aufstand und die japanische Invasion jäh die ökonomische und soziale Entwicklung unterbrachen. Als Führer der Partei und der Regierung führte Chiang Kai-shek zum Kampf an zwei Fronten. Formal begann der Krieg gegen Japan 1937 und dauerte bis zur japanischen Niederlage 1945.

1947 wurde die Verfassung, die auf den politischen Idealen von Dr. Sun basiert, angenommen, und eine verfassungsmäßige Regierung wurde 1948 nach landesweiten Wahlen eingesetzt. Chiang Kai-Shek wurde zum ersten verfassungsmäßigen Präsidenten der Republik gewählt, und die Kuomintang blieb seitdem Regierungspartei. In der Zwischenzeit breitete sich die kommunistische Rebellion immer weiter aus.

Als die chinesischen Kommunisten das Festland 1949 übernahmen, übersiedelte die Regierung der Republik China nach Taiwan. Durch eine intensive Selbsterneuerung der Partei und eine erfolgreiche Bodenreform seitens der Regierung wurde der Weg für die beispielhafte politische, wirtschaftliche und soziale Entwicklung in den nächsten 35 Jahren geebnet. So stieg z. B. das Bruttosozialprodukt pro Kopf um das 18fache von 148 US$ 1952 auf 2.673 US$ 1983, während die Kluft zwischen Arm und Reich im selben Zeitraum sich von 15:1 auf 4,1:1 verringerte. Eine traditionelle, landwirtschaftliche Gesellschaft wurde in eine moderne Industriegesellschaft umgewandelt. Mit ihrer politischen Stabilität, ihrer wirtschaftlichen Blüte und ihrem sozialen Fortschritt wurde die Republik China zu einem Musterbeispiel für die Entwicklungsländer. Hinter diesem Erfolg steht die Führung der Kuomintang.

Nach dem Ableben von Präsident Chiang Kai-shek wählte das ZK der Partei einstimmig den damaligen Premier Chiang Ching-kuo zum Parteivorsitzenden. Als Präsidentschaftskandidat der Partei wurde er 1978 zum 6. Präsidenten der Republik gewählt. Die bemerkenswerten Erfolge seiner ersten Amtszeit führten zu seiner Wiederwahl 1984 mit Li Teng-hui, einem Mitglied des Ständigen Zentralkomitees der Partei als Vizepräsidenten. Man ist allgemein überzeugt, daß die neue Regierung mehr als fähig ist, den wachsenden Anforderung des kritischen achten Jahrzehnts der Republik China zu begegnen.

II. *Ideale*

Die ideologische Basis der Kuomintang stellen die „Drei Volksprinzipien" von Dr. Sun Yat-sen dar (in Chinesisch San Min Chu I), die in sich Ideale der traditionellen chinesischen Kultur und politische, soziale und wirtschaftliche Theorien aus dem Westen vereinigen. Die Drei Prinzipien, nämlich Nationalbewußtsein, Demokratie und soziale Wohlfahrt sind im ersten Artikel der Verfassung der Republik China verankert.

Das Prinzip des Nationalbewußtseins richtet sich auf drei Hauptziele:

1. gleichberechtigter und unabhängiger Status Chinas in der Welt, frei von Fremdherrschaft;
2. gleichberechtigter Status für alle ethnischen Gruppen in der chinesischen Nation;
3. Wiederherstellung und Wiedergeburt der traditionellen chinesischen Kultur.

Das Prinzip der Demokratie will die Bürgerrechte des Volkes sichern, insbesondere die politische Gewalt, während die Regierung die Regierungsgewalt besitzt. Die erstere beinhaltet das Wahlrecht, das Recht zur Abberufung, die Volksinitiative und das Referendum. Die Regierungsgewalt ist unterteilt in fünf Yuans (= Höfe), und zwar Exekutivyuan, Legislativyuan, Jurisdiktionsyuan, Prüfungsyuan und Kontrollyuan. Das Demokratieprinzip ist ebenfalls in der Verfassung verankert und wird praktiziert.

Das Prinzip der sozialen Wohlfahrt soll zur Schaffung eines Wohlfahrtstaates mit einer blühenden Wirtschaft und einer gerechten Gesellschaft führen. Es verteidigt das freie Unternehmertun mit Planungselementen, damit der Reichtum rasch akkumuliert und gleich verteilt werden kann. Der wirtschaftliche Wohlstand und die soziale Stabilität der Republik China in den vergangenen drei Jahrzehnten beweisen die Wirksamkeit dieses Prinzips.

III. Parteiprogramm

Im folgenden ein Auszug aus dem Parteiprogramm der Kuomintang, angenommen auf dem 12. Parteitag am 2. 4. 1982:

1. Die Kuomintang soll an ihrer fundamentalen Position des Antikommunismus und der nationalen Erneuerung festhalten, fest die republikanische Form der Regierung nach der Verfassung bewahren, weiterhin die Basis der konstitutionellen Demokratie verbreitern und treu im Lager der demokratischen Nationen stehen. Die Kuomintang soll niemals mit den Kommunisten verhandeln noch soll sie irgendwelche Illusionen über eine „Absprache mit der Sowjetunion“ haben, „um die chinesischen Kommunisten in Schach zu halten“ und so einer „vereinigten Front“-Verschwörung der chinesischen Kommunisten zuvorzukommen. Sich dieses vor Augen haltend soll die Kuomintang aktiv die Mission der Wiedervereinigung unter den Drei Volksprinzipien ausführen.
2. Die Kuomintang soll die Kontakte zwischen den Chinesen in der Heimat und im Ausland ausweiten und sich mit internationalen freiheitsliebenden und antikommunistischen Kräften zusammentun, außerdem die nationale Verteidigungskapazität steigern, um nationale und regionale Sicherheit zu garantieren und den Weltfrieden zu schützen.
3. Die Kuomintang soll die sozioökonomische Politik, die auf dem Wohlfahrtsprinzip basiert, ausführen, um das System des freien Unternehmertums zu sichern und die staatlichen Unternehmen zu verbessern; sie soll Mäßig-

keit, Fleiß und einen konstanten Willen zur Verbesserung fördern; sie soll die Interessen der Leute koordinieren, ihren Lebensstandard anheben und eine ausgewogene sozioökonomische Entwicklung verwirklichen, um einen Wohlfahrtsstaat auf der Basis der gleichen Verteilung des Reichtums zu erreichen.

4. Die Kuomintang soll die ethischen, demokratischen und wissenschaftlichen Ideen der Drei Volksprinzipien verbreiten, eine Wiedergeburt der chinesichen Kultur verwirklichen, die ethischen und moralischen Grundsätze aufrechterhalten, aktiv die Erziehung und wissenschaftliche Forschung fördern, um die Modernisierung zu beschleunigen.
5. Zum Sturze der kommunistischen Herrschaft auf dem chinesischen Festland soll die Kuomintang aktiv unsere Landsleute in ihrem antikommunistischen Kampf unterstützen.

IV. Organisation

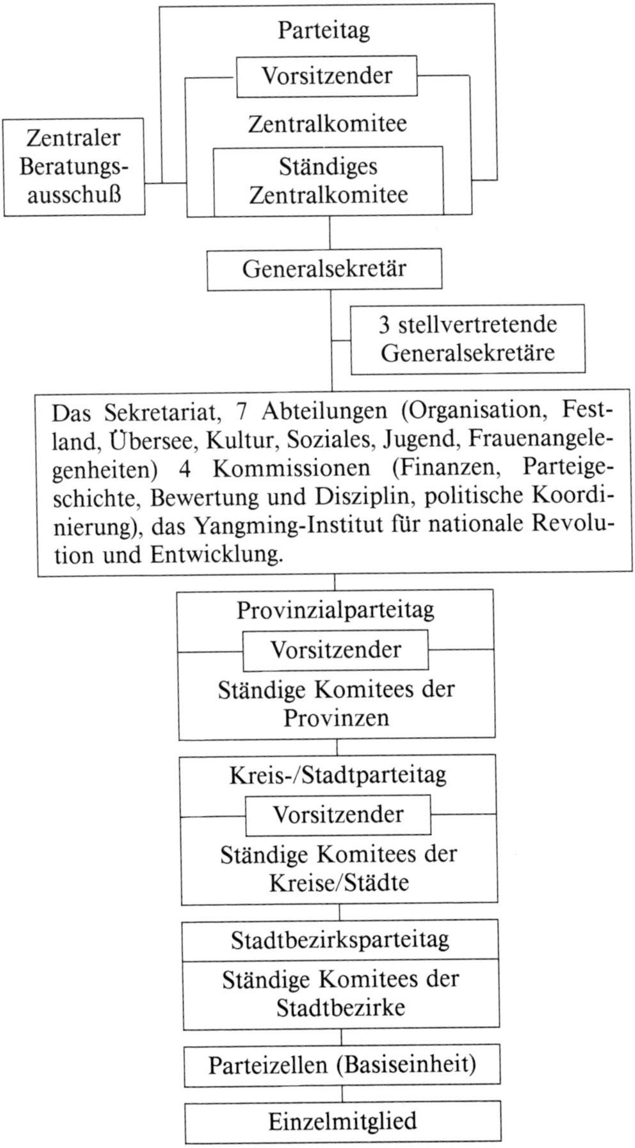

V. Mitglieder

Juni 1985

	Mitglieder insgesamt	2 235 345	
	Gruppen	**Mitglieder**	**%**
Geschlecht	männlich	1 735 021	77,62
	weiblich	500 324	22,38

Literaturverzeichnis (Auswahl)

Fox Butterfield: China: Alive in the Bitter Sea, 1982, Times Books

Chen Cheng: Landreform in Taiwan, 1961, China Publishing Company

Chiang Kai-shek: A Fortnight in Sian: Extracts from a diary, 1985, China Publishing Company, Taipei

Chiang Wei-Kuo: How the China mainland was lost, Combined Service Forces, 1981

W. K. Chiang: How Generalissimo Chiang Kai-Shek won the eight-year Sino-japanese war 1937–1945, Li Ming Culture Enterprise Co., 1979

The Constitution of the Republic of China, The National Assembly

H. G. Dawe: Taiwan The Republic of China, China Color Printing Co. Taipei-Taiwan, 1981

Richard Deacon: A History of the Chinese Secret Service, Frederick Muller, London, 1974

Deng Xiaoping: Ausgewählte Schriften, Verlag für fremdsprachige Literatur, Beijing, 1985

Thome H. Fang: The Chinese View of Life, Linking Publishing Co. Ltd., 1981

Kei Feng: Dr. Sun Jet-Sens Doktrin „Die Dreivolksprinzipien“, Europäischer Verein für Dr. Sun Jet-Sens Doktrin, München

Justus Freytag: China und die Christen, Verlag Otto Lembeck Frankfurt, 1979

Keiji Furuya: Chiang Kai-Shek – His Life and Times, St. John's University, 1981

Gälli Anton: Taiwan, Ökonomische Fakten und Trends, Weltforum-Verlag, München, 1980

History of The Sino-Japanese War (1937–1945), Chung-Wu Publishing-Company, Taipei, 1985

Hu Pu-yu: A brief history of Sino-Japanese war, Chung-Wu Publishing Company, 1974
James C. Hsiung: The Taiwan experience, 1950–1980, American Ass. for Chinese Studies, 1983
Stephan Hsu u. a.: Der richtige Weg für China, Die drei Prinzipien des Volkes, Institut für Forschungen über Festlandchina, Taipei, 1981
Dr. A. James Gregor: Three Essays on China Policy, U.S. Security Interests in East Asia, Pacific Basin Project Institute of International Studies, U.C. Berkeley, 1985
Annual review of Government Administration, Republic of China 1982–1983, Taipei, Taiwan
Keep free China free, An Anthology from the U.S. Press, Kwang Hwa Publishing Company Taipei, 1982
Johann Adolf Graf Kielmansegg: Unbesiegbar?, Seewald-Verlag, Stuttgart, 1985
Shirley W. Y. Kuo: The Taiwan success story, Westview Press, Boulder Colorado, 1981
Xing-hu Kuo: Freies China, Seewald-Verlag, Stuttgart, 1982
Olof Lagercrantz: China Report, Suhrkamp, Frankfurt, 1972
Li Wei-Han: The Struggle for Proletarian Leadership in the Period of the New-Democratic Revolution in China, Foreign Languages Press, Peking, 1962
Worte des Vorsitzenden Mao Tse-Tung, Verlag für fremdsprachige Literatur, Peking, 1967
Mao Tse-Tung: Ausgewählte Werke Band I–IV, Verlag für fremdsprachige Literatur, Peking, 1968
Über die richtige Lösung von Widersprüchen im Volke, Verlag für fremdsprachige Literatur, Peking, 1960
Some Questions Concerning Methods of Leadership, Foreign Languages Press Peking, 1962
National Chengchi University, Bulletin 1980–82, Q & A Questions and Answers about the Republic of China, Government Information Office, Republic of China, 1981
The Realm of Jade Mountain, King-yuh Chang, Kwang Hwa Publishing Company, Taipei, 1985
D. S. Sung: Republic of China, Hilit Publishing Company, Ltd. Taipei, 1986
The Republic of China in Taiwan Today, Chinese Information Service, Los Angeles, 1976

Ally Betrayed: The Republic of China, Western Goals, Virginia, 1982
Schlomann/Friedlingstein: Tschiang Kai-schek, Ein Leben für China, Seewald-Verlag, Stuttgart, 1976
A Short History of China 1840–1919, Foreign Languages Press, Peking, 1963
Red China's U.S. Policy, Institute for Current China Studies, Taipei
Axel Seeberg, Sven Steenberg: Ein neues China, Seewald-Verlag, Stuttgart, 1976
Manfred Seywald: Republik China auf Taiwan, Verlag Organisator AG, Zürich, 1985
Sui Hsüeh-Fang: The Former Residence, The Shanghai Peoples Art Publishing House Shanghais, 1959
Dr. Sun Yat-sen: The Three Principles of the People, China Publishing Company, Taipei, 1981
Taiwan Statistical Data Book 1981, Council for Economic Planning and Development Executive Yuan Republic of China
Tschiang Wei-kuo: Der chinesisch-japanische Krieg 1937–1945, Biblio-Verlag, Osnabrück, 1986
Tschou En-Lai: Bericht über die Tätigkeit der Regierung, Verlag für fremdsprachige Literatur, Peking, 1959
S. T. Tung: Communist China and the Chinese Problem, China Publishing Company, Taipei, 1975
Horst F. Vetter: Chinas neue Wirklichkeit, Campus-Verlag, Frankfurt, 1983
Hans Wagner: So leben die Chinesen heute, Gustav Lübbe Verlag, Bergisch Gladbach, 1982
Anna Wang: Ich kämpfe für Mao, Holsten Verlag, Hamburg, 1973
Joseph A. Yager: The Economic Transformation of Taiwan, Good Earth Printing Company, Taipei, 1986
Wirtschaftliche Entwicklung der Republik China auf Taiwan, Euro-Asia Trade Organization, Taipei, 1981
Yuan-li Wu: Becoming an Industrialized Nation, Prager Special Studies, New York, 1985
Bruno Zoratto: Chang Kai-scek, Il Settimo Sigillo Rom, 1986
Taiwan, Anita Tykve-Verlag, 1986
Fratelli Chiang, Libri Thule-Romano Editore, Palermo, 1986

Wir besorgen Ihnen gerne die
anderen Bücher von XING-HU KUO,
auch wenn sie in anderen
Verlagen erschienen sind: richten
Sie Ihre Bestellung direkt an:

ANITA TYKVE VERLAG
Postfach 1561
D-7030 Böblingen
Telefon: 0 70 31/3 54 36

Tod in Tatum von XING-HU KUO
164 Seiten, mit zahlreichen Fotos,
DM 19,80. ISBN 3-925434-01-1

Der durch mehrere Bücher (Mord im Mausoleum, Nordkorea, Freies China u.a.) bekannte deutsche Journalist und Autor asiatischer Abstammung besuchte im August 1985 die Vereinigten Staaten, Thailand und Kambodscha. Er sprach u.a. mit der Witwe des stellvertretenden Stabschefs der Sihanuk-Truppen, General King Men, der im März 1985 in Tatum fiel. In Thailand und Kambodscha erlebte er den Prinzen Sihanuk bei den Roten Khmer in der befreiten Zone. So entstand ein lebendig geschriebenes, aktuelles Buch über das Khmer-Volk, das einen erbitterten Widerstand gegen die vietnamesischen Besatzer führt.

Frankfurter Allgemeine Zeitung: „Die kleine Schrift vermittelt Grundkenntnisse über die gegenwärtige Situation der Widerstandsbewegungen…"

Die Welt: „Kuos Buch weist auf ein Schicksal hin, das zu den traurigsten in der Geschichte der Dekolonisation gehört…"

Das Parlament: „Das mit Bildern von Originalschauplätzen sehr anschaulich gestaltete Buch ist ein von einem Augenzeugen verfaßtes Dokument…"

Wir besorgen Ihnen gerne die anderen Bücher von XING-HU KUO, auch wenn sie in anderen Verlagen erschienen sind: richten Sie Ihre Bestellung direkt an:

ANITA TYKVE VERLAG
Postfach 1561
D-7030 Böblingen
Telefon: 0 70 31/3 54 36

XING-HU KUO
Mord im Mausoleum
Kim Il-sungs Terroristen in Rangun
230 Seiten, Format 12,5 × 20,5 cm,
geb., DM 34,–. ISBN 3-512-00714-7

9. Oktober 1983: Attentat des nordkoreanischen Geheimdienstes auf den südkoreanischen Staatspräsidenten Chun Doo hwan: der dramatische Bericht über ein unglaubliches Massaker.

9. Oktober 1983: Staatsbesuch des südkoreanischen Staatspräsidenten Chun Doo hwan in Burma. Um 10.30 Uhr will er das Mausoleum von Rangun besuchen. In Reih und Glied standen Gäste und Gastgeber. Plötzlich ein Riesenknall, Schreie, Röcheln, Stöhnen. Eines der schrecklichsten Polit-Massaker der Neuzeit war geschehen.

XING-HU KUO, ein international erfahrener Autor, bekannt durch das Buch „Nordkorea – Ein fernöstlicher Gulag“, hat hierüber ein atemberaubendes Buch geschrieben. Nachdem er weltweit alle Informationen zusammengetragen hatte, begann er vor Ort in Sri Lanka und besonders in Rangun zu recherchieren. Zahlreiche hochgestellte Persönlichkeiten und Informationsträger gaben ihm Einblick in Geheimakten. So entstand ein gründlich recherchierter, spannender und dramatischer Bericht über einen Polit-Krimi unserer Zeit.

Weitere lieferbare Titel